BAEK SEHEE

Queria morrer,
mas no céu não tem
Tteokbokki

Grupo
UNIVERSO DOS LIVROS

죽고 싶지만 떡볶이는 먹고 싶어
I want to die, but I want to eat tteokbokki
© 2018 by Baek Sehee
© 2023 by Universo dos Livros
Todos os direitos reservados e protegidos pela Lei 9.610 de 19/02/1998.
Nenhuma parte deste livro, sem autorização prévia por escrito da editora, poderá ser reproduzida ou transmitida sejam quais forem os meios empregados: eletrônicos, mecânicos, fotográficos, gravação ou quaisquer outros.

Diretor editorial: **Luis Matos**
Gerente editorial: **Marcia Batista**
Assistentes editoriais: **Letícia Nakamura e Raquel F. Abranches**
Tradução: **Rafael Bisoffi**
Preparação: **Alessandra Miranda de Sá**
Revisão: **Tássia Carvalho e Nilce Xavier**
Arte e capa: **Renato Klisman**
Projeto gráfico e diagramação: **Francine C. Silva**

Dados Internacionais de Catalogação na Publicação (CIP)
Angélica Ilacqua CRB-8/7057

B13q	Baek, Sehee
	Queria morrer, mas no céu não tem tteokbokki / Baek Sehee ; tradução de Rafael Bisoffi. — São Paulo : Universo dos Livros, 2023.
	192 p.
	ISBN 978-65-5609-376-5
	Título original: 죽고 싶지만 떡볶이는 먹고 싶어
	1. Ficção sul-coreana 2. Saúde mental I. Título II. Bisoffi, Rafael III. Série
23-1415	CDD 895.7

NOTA DA EDITORA: Em caso de sintomas semelhantes aos relatados neste livro, procure a ajuda profissional de um psicólogo e/ou psiquiatra.

Universo dos Livros Editora Ltda.
Avenida Ordem e Progresso, 157 – 8º andar – Conj. 803
CEP 01141-030 – Barra Funda – São Paulo/SP
Telefone: (11) 3392-3336
www.universodoslivros.com.br
e-mail: editor@universodoslivros.com.br

SUMÁRIO

Nota da autora 5

Prólogo 7

1 Levemente deprimida 11

2 Sou uma mentirosa patológica? 31

3 Estou sob vigilância constante 45

4 Meu desejo de ser especial não é nem um pouco especial 61

5 A maldita autoestima 71

6 O que devo fazer para me conhecer melhor? 81

7 Dispor, julgar, ficar desapontada, cair fora 91

8 Efeitos colaterais da medicação 99

9 Obsessão com a aparência e transtorno de personalidade histriônica 107

10 Por que você gosta de mim? Ainda vai continuar gostando se eu fizer isso? Ou aquilo? 127

11 Não sou uma pessoa bonita 137

12 O fundo do poço 147

13 Epílogo: está tudo bem, os que não enfrentam as trevas nunca poderão apreciar a luz 155

14 Comentários do psiquiatra: de uma incompletude para outra 159

15 Pós-escrito: reflexões sobre a vida após a terapia 161

Nota sobre a autora 191

NOTA DA AUTORA

Quatro anos se passaram desde que publiquei *Queria morrer, mas no céu não tem tteokbokki*. Esta história muito pessoal, sobre a qual me perguntei certa vez se alguém se importaria em ler, foi publicada em sete línguas asiáticas e também em inglês. É uma mudança fascinante no rumo dos eventos, ainda que um pouco intimidante. Porque, apesar de todo o *feedback* positivo que recebi, também houve críticas. Meu desejo de falar abertamente sobre meu sofrimento mental era proporcional ao meu desejo de fugir de tudo isso. Duvido de que jamais poderia ser tão franca em outro livro quanto fui neste aqui.

Espero que você encontre pontos de conexão entre mim e você nestas páginas. Meu desejo em ser um ponto de auxílio e consolo é mais forte do que nunca.

Finalmente, gostaria de terminar com algumas palavras às quais retorno com frequência sempre que me sinto enfraquecer. São de um leitor internacional de gênero, nacionalidade e aparência desconhecidos (nunca encontrei essa pessoa), e também são palavras que gostaria de dizer a vocês, pessoas que estão lendo este livro.

Amo e adoro sua história. E sou sua amiga.

Baek Sehee, novembro de 2022

PRÓLOGO

"Se quiser ser feliz, você não deve ter medo das seguintes verdades, mas sim confrontá-las de cabeça erguida: um, que estamos sempre infelizes, e que nossa infelicidade, nosso sofrimento e medo têm boas razões para existir. Dois, que não há um meio real de separar por completo esses sentimentos de nós mesmos."

– *Une Parfaite Journée Parfaite*, de Martin Page

Essa epígrafe é um dos meus textos favoritos, a qual retomo com bastante frequência. Mesmo nos meus momentos mais insuportavelmente depressivos, eu me pegava rindo da piada de um amigo e, mesmo assim, sentia um vazio no coração e, depois, um vazio no estômago que me fazia sair para comer *tteokbokki* – o que havia de errado comigo? Não estava depressiva a ponto de querer morrer, mas tampouco me sentia feliz, pairando, em vez disso, em algum ponto entre esses dois sentimentos. Sofria ainda mais porque não tinha ideia de que esses sentimentos contraditórios poderiam existir, e existiam, de fato, em muitas pessoas.

Por que é tão difícil sermos honestos a respeito dos nossos próprios sentimentos? Seria porque viver é tão exaustivo que não temos nem tempo de compartilhá-los? Sentia uma urgência de encontrar outros que sentissem o mesmo que eu. Então, decidi, em vez de sair por aí procurando sem rumo alguma outra pessoa, ser a pessoa que *elas* poderiam procurar – levantar minha mão e gritar: "Estou bem aqui", na esperança de que alguém me visse acenando, se identificasse comigo e se aproximasse, de forma que poderíamos encontrar conforto na existência um do outro.

Este livro é um registo da terapia que recebi para distimia, ou transtorno depressivo persistente (um estado de depressão leve e constante). É também repleto de detalhes pessoais, e às vezes patéticos, mas tentei torná-lo mais que só um desabafo de minhas emoções sombrias. Exploro situações específicas de minha vida, na busca das causas fundamentais dos meus sentimentos, de forma a seguir em uma direção mais saudável.

Pergunto-me a respeito de outros, que, assim como eu, por fora parecem estar bem, embora estejam apodrecendo por dentro, sendo esta podridão um vago estado simultâneo entre não estar bem e não estar devastado. O mundo tende a focar demais no que é muito brilhante ou muito sombrio; até mesmo vários de meus amigos não conseguem entender meu tipo de depressão. Mas o que seria uma forma "aceitável" de depressão? A própria depressão é algo que poderá ser, *algum dia*, plenamente compreendida? No fim das contas, minha esperança é de que as pessoas leiam este livro e pensem: "Não era só eu que me sentia assim"; ou: "Agora vejo que há pessoas que vivem com isso".

Sempre pensei que o intuito da arte é sensibilizar corações e mentes. A arte me deu fé: fé de que hoje pode não ter sido um dia perfeito, mas, ainda assim, foi um dia bastante bom; ou fé de que, mesmo depois de um longo dia depressivo, ainda consigo cair na risada por causa de algum pequeno detalhe. Também percebi que revelar minhas trevas é algo tão natural de se fazer quanto revelar minhas luzes. Pela prática muito pessoal dessa arte, espero encontrar meu caminho até o coração dos outros, assim como este livro encontrou o caminho até suas mãos.

1
LEVEMENTE DEPRIMIDA

Sintomas clássicos como ouvir vozes, ter pensamentos intrusivos e automutilar-se não são os únicos sintomas de depressão. Assim como uma gripe leve pode deixar nosso corpo todo dolorido, uma depressão leve pode fazer nossa mente sofrer plenamente.

Desde criança, sou introvertida e sensível. As lembranças são vagas agora, mas, de acordo com os registros do meu velho diário, com certeza não sou uma otimista nata, e me sentia para baixo de tempos em tempos. Foi na época do ensino médio que a depressão bateu, afetando meus estudos e me impedindo de ir para a faculdade, o que prejudicou meu futuro. Talvez já estivesse na cara que eu acabaria me tornando uma adulta depressiva. Porém, mesmo quando mudei todos os aspectos da minha vida que queria mudar – meu peso, minha formação, meu relacionamento amoroso, meus amigos –, ainda assim estava deprimida. Não me sentia assim o tempo todo, mas entrar e sair de uma fossa era tão inevitável quanto dias de tempo ruim. Eu podia ir para a cama feliz e acordar triste e rabugenta. Não conseguia engolir nenhum alimento quando estava estressada e chorava constantemente quando me sentia mal. Apenas aceitei o fato de que era depressiva de nascimento, e deixei meu mundo se tornar cada vez mais sombrio.

Minha paranoia quanto aos outros piorou e minha ansiedade atingia o ápice quando ficava perto de desconhecidos, mas me tornei especialista em agir como se tudo estivesse bem. E, por um tempo longuíssimo, me forcei a melhorar, acreditando que poderia superar a depressão por conta própria. Contudo, ela se tornou um fardo pesado demais a certa altura, e enfim decidi buscar ajuda. Estava nervosa e receosa, mas tentei me esvaziar de expectativas ao entrar no consultório.

Psiquiatra: Então, como posso te ajudar?

Eu: Bom, acho que estou levemente deprimida. Devo dar mais detalhes?

Psiquiatra: Seria muito bom.

Eu: (Pego o celular e consulto o aplicativo de notas.) Eu me comparo demais aos outros e depois me censuro na mesma medida, e tenho baixa autoestima.

Psiquiatra: Já pensou sobre o que poderia ser a causa desse comportamento e da baixa autoestima?

Eu: Acho que a parte da baixa autoestima vem da minha criação. Minha mãe sempre se lamentava do quanto éramos pobres. Vivíamos em um apartamento de um quarto que era pequeno demais para cinco pessoas, e havia outro condomínio no nosso bairro com o mesmo nome que o nosso, mas que tinha unidades maiores. Certa vez, uma amiga da minha mãe me perguntou em qual condomínio morávamos, no maior ou no menor, e senti vergonha de nossa casa; fiquei nervosa em revelar isso para outras pessoas.

Psiquiatra: Você se lembra de mais alguma coisa?

Eu: Nossa, um monte. Quando falo, parece tão clichê, mas meu pai batia na minha mãe. Eles criaram um eufemismo para isso agora, "conflitos conjugais", mas na verdade é só violência, não é? Quando olho para trás, para minha infância, minha memória está cheia de lembranças do meu pai batendo na minha mãe, nas minhas irmãs e em mim, quebrando coisas no apartamento e saindo de casa no meio da noite. Nós chorávamos até dormir e, de manhã, deixávamos esse caos para trás e íamos para a escola.

Psiquiatra: Como você se sentia com isso?

Eu: Desesperada? Triste? Sentia que minha família guardava segredos que eu não podia contar a ninguém, segredos que cresciam cada vez mais. Na minha cabeça, pensava que tinha que esconder tudo. Minha irmã mais velha me fazia garantir que eu nunca falaria a respeito do que acontecia em casa para pessoas de fora da família, e eu me certificava de que minha irmã mais nova também faria o mesmo. Tudo o que acontecia em casa era prejudicial para minha autoestima, mas agora me pergunto se minha irmã mais velha não tem ligação com isso também.

Psiquiatra: Você quer dizer seu *relacionamento* com sua irmã mais velha?

Eu: Acho que sim. O amor da minha irmã não era incondicional. Se eu não fosse bem na escola, ou se ganhasse peso, ou se não me dedicasse ao que fazia, ela tirava sarro de mim e me humilhava. Ela era um pouco mais velha que eu, o que significava que a palavra dela era lei. Havia também o aspecto financeiro, porque ela comprava roupas, sapatos e mochilas para nós. Ela nos manipulava com esses subornos, dizendo que tomaria tudo que tinha comprado se não déssemos ouvidos a ela.

Psiquiatra: Isso te dava vontade de fugir?

Eu: É lógico. Parecia um relacionamento tão abusivo. Ela era cheia de contradições. Por exemplo, *ela* podia ir dormir na casa das amigas, mas eu não. Havia roupas que ela não nos deixava usar. Um monte de coisas assim. Mas tudo era amor e ódio com ela; eu a odiava, mas morria de medo de ela ficar brava comigo e me abandonar.

Psiquiatra: Já tentou se afastar desse relacionamento?

Eu: Bom, depois que me tornei adulta e comecei a trabalhar meio período, tomei a decisão de me tornar financeiramente independente dela, pelo menos. Fui conquistando isso aos poucos.

Psiquiatra: E quanto à independência mental?

Eu: Isso foi difícil. Os únicos amigos de minha irmã eram seu namorado e eu, porque éramos os únicos que atendíamos aos seus caprichos. Uma vez ela me disse que detestava ficar com outras pessoas e que eu era a pessoa com quem ela se sentia mais à vontade. Isso me irritou tanto que, pela primeira vez, disse algo a ela. Eu falei: "Pois eu não me sinto nem um pouco à vontade com você. Na verdade, você me deixa bastante *incomodada*".

Psiquiatra: Qual foi a reação dela?

Eu: Ela ficou chocada. Aparentemente, passou as noites seguintes aos prantos. Até hoje, se menciono isso, ela chora.

Psiquiatra: Como ver ela reagindo assim fez você se sentir?

Eu: Comovida, acho, mas aliviada também. Senti-me liberta. Um pouco.

Psiquiatra: Então a sua autoestima não melhorou depois de você se libertar de sua irmã mais velha?

Eu: Às vezes eu me sentia mais confiante, mas acho que o humor em geral ou a depressão continuaram. Como se a dependência que tinha da minha irmã tivesse sido transferida para as pessoas com que me relaciono romanticamente.

Psiquiatra: E como são seus relacionamentos românticos? Seus parceiros te abordam primeiro ou você é mais proativa?

Eu: Sem dúvida, não sou nem um pouco proativa. Se gosto de alguém, sei que essa pessoa vai me considerar um "alvo fácil" e me tratar muito mal, por isso nem gosto de mostrar que estou gostando dela. Nunca disse a uma pessoa que gostava dela, nem nunca flertei com ninguém. Meus relacionamentos são sempre passivos. Se alguém gosta de mim, vou seguindo o fluxo por um tempo e, se der certo, tornamos o relacionamento oficial. Esse é meu padrão.

Psiquiatra: E há vezes em que *não* se torna "oficial"?

Eu: Quase sempre se torna oficial. Quando saio com alguém, costuma ser em caráter de longo prazo e acabo me tornando muito dependente dessa pessoa. Meus companheiros tendem a cuidar bem de mim. Mas, mesmo quando demonstram compreensão e me dão espaço, eu me sinto frustrada. Quero ser autossuficiente e estar de boa quando estou sozinha, mas fico achando que isso seria impossível.

Psiquiatra: E suas amizades?

Eu: Quando eu era criança, levava as amizades muito a sério, como a maioria das crianças. Mas depois que sofri *bullying* na educação infantil e no ensino fundamental, acho que, quando cheguei ao ensino médio, criei um medo de me perder do rebanho, e fiquei nervosa com amizades em geral. Esse medo se refletiu em meus relacionamentos românticos e decidi não criar mais tanta expectativa em relação a amigos e amizades.

Psiquiatra: Entendo. Você está satisfeita com seu trabalho?

Eu: Sim. Trabalho na área de marketing de uma editora; cuido das contas de redes sociais deles. Crio conteúdo e monitoro o alcance, coisas desse tipo. O trabalho é divertido e me dou bem com ele.

Psiquiatra: Então você tem bons resultados?

Eu: Sim. O que me faz querer trabalhar mais, e *isso* às vezes me deixa estressada para conseguir resultados melhores.

Psiquiatra: Entendo. Obrigado por ser tão franca e dar tantos detalhes. Teríamos que fazer mais algumas averiguações, mas você parece ter certa tendência a ser codependente. Os opostos extremos de emoções parecem andar de mãos dadas; neste caso, isso significa que quanto mais codependente você é, mais não quer ser. Por exemplo, quando você é codependente da pessoa com quem tem um relacionamento, fica ressentida com ela, mas, quando termina, sente-se ansiosa e desolada. Talvez você seja codependente do seu trabalho também. Quando obtém bons resultados, seu valor se concretiza e você relaxa, mas essa satisfação não dura muito – e esse é o problema. É como se estivesse correndo dentro de uma roda de hamster. Você tenta sair da depressão por meio dos seus esforços, mas falha, e esse círculo vicioso de tentativa e erro alimenta a depressão original.

Eu: Entendi. (Na realidade, sinto-me consolada por essas palavras e acho que algo está sendo esclarecido pela primeira vez.)

Psiquiatra: Você precisa sair desse círculo de falha e depressão. Desafiar-se a fazer algo que nunca achou ser possível para você.

Eu: Não sei nem por onde começar.

Psiquiatra: É só o começo. Você pode iniciar com algo pequeno.

Eu: Bom, eu também posto umas coisas meio *fake* sobre minha vida nas redes sociais. Não é que eu finja ser feliz, mas posto coisas de livros, paisagens ou frases para me gabar de como meu gosto é ótimo. Estou tentando dizer: "Olha que pessoa culta e legal eu sou". E julgo outras pessoas. Mas quem sou eu para julgar? Eu sou tão esquisita, até para mim mesma.

Psiquiatra: É quase como se você quisesse se tornar um robô perfeito. Alguém com padrões absolutos.

Eu: Exato. Isso nem existe.

Psiquiatra: Esta semana eu vou te dar um formulário – quinhentas perguntas sobre personalidade, sintomas e comportamentos – e vamos usá-lo para descobrir que tipo de desafio podemos fazer para você para quebrar esse ciclo.

Eu: Tudo bem.

(Uma semana depois)

Psiquiatra: Como você passou?

Eu: Fiquei deprimida até o Dia da Memória, mas tenho me sentido melhor desde então. Tem uma coisa que não te disse da última vez, quando falou que parecia que eu queria me tornar um robô. Tenho uma preocupação obsessiva de não incomodar os outros desde que comecei a ter esses padrões pessoais elevados. Por exemplo, quando vejo alguém falando alto no ônibus porque está ao celular ou algo do tipo, fico bem irritada. Tão irritada a ponto de querer esganar a pessoa. Não que eu seja capaz de realmente fazer isso.

Psiquiatra: Você deve se sentir culpada por isso.

Eu: Sim. Sinto-me muito culpada por me sentir assim e por ficar quieta. Às vezes, no trabalho, o som de alguém digitando me deixa louca e, uma vez, perdi as estribeiras e disse para um colega tentar fazer menos barulho. Eu me senti bem melhor depois disso.

Psiquiatra: Mas que tipo de pessoa se sentiria tão mal por não pedir a alguém que está fazendo barulho para ficar quieto? Alguém que procura deliberadamente meios de se torturar, talvez. A maior parte das pessoas é tímida, mas a pressão autoimposta para não ser tímida faz você se criticar, mesmo que tenha se imposto uma vez em dez.

Eu: Mas eu quero me impor *dez* vezes em dez.

Psiquiatra: Isso realmente te deixaria feliz? Porque, mesmo que conseguisse se impor dez vezes em dez, não acho você pensaria, de repente: "Olha só, estou curada". Para começar, a sua reação não seria a mesma que a dos demais. E, mesmo que possa aceitar que um desconhecido está agindo de maneira errada e que você deve deixar para lá, ainda assim estará deliberadamente se tornando responsável por corrigir o comportamento dessa pessoa. Às vezes, o melhor a fazer com pessoas que nunca lhe dariam ouvidos, para início de conversa, é evitá-las em absoluto. Corrigir todos os erros com os quais se deparar no mundo é uma tarefa impossível para qualquer pessoa. Você é só uma pessoa, e está colocando demais o peso do mundo nas suas costas.

Eu: Por que sou assim?

Psiquiatra: Porque você é uma boa pessoa?

Eu: (Não concordo com essa avaliação.) Uma vez me forcei a jogar lixo no chão e sair falando alto no celular enquanto estava andando numa rua, mas isso não me fez me sentir *bem*. Porém, eu me senti realmente mais permissiva.

Psiquiatra: Se não te fez se sentir bem, não fique se forçando a fazer isso.

Eu: Sei que as pessoas têm motivos complicados para fazer o que fazem e para ser o que são, mas acho difícil tolerar.

Psiquiatra: Se temos o hábito de julgar pessoas por uma perspectiva simplista, essa perspectiva em algum momento vai se virar contra nós. Mas também está tudo bem ficar irritada de vez em quando. Por exemplo, pense em uma pessoa que você admira e imagine o que ela faria na mesma situação. Não ficaria irritada também? Ela também acharia essa situação intolerável? Se a resposta for sim, então se permita ficar irritada. Acho que você se concentra demais em seus ideais e se pressiona a pensar: "Tenho que ser esse tipo de pessoa!". Mesmo quando esses ideais vêm, na verdade, de outras pessoas, e não de seus próprios pensamentos e experiências.

E, como você disse, as pessoas são complicadas. Elas podem parecer perfeitas por fora, mas podem estar fazendo coisas horríveis às escondidas. Você pode colocá-las em um pedestal e acabar sofrendo uma decepção. Em vez de ficar desapontada, tente pensar deste jeito: "Elas também são seres humanos que vivem e respiram". Isso te fará ser mais generosa consigo mesma.

Eu: Sempre penso que sou fraca e que os outros percebem como sou fraca. Que, não importa o quanto eu diga algo de forma intimidante, eles verão como sou de fato. Tenho medo de que as pessoas me achem patética.

Psiquiatra: É por causa de sua ansiedade. No momento em que diz algo, você automaticamente pensa: "Como essa pessoa vai me encarar? Ela não vai me abandonar?". E isso te deixa ansiosa. Conversar com as pessoas em questão talvez ajude, mas você precisa entender que cada um reage de um jeito diferente.

Precisa aceitar que pessoas diferentes vão ter respostas diferentes para a mesma conversa.

Eu: Certo.

Depois do que você disse na última sessão, que eu deveria tentar algo diferente, experimentei fazer um permanente ácido. Eu gostei, e meus colegas me elogiaram, o que me fez sentir bem. E aquela outra coisa que perguntou, sobre meus amigos dizerem que minha melhor qualidade é a habilidade de sentir empatia pelos outros?

Psiquiatra: Você é boa em sentir empatia pelos outros?

Eu: Sim, bastante. E é por isso que às vezes eu a escondo. Porque pode ser demais para as pessoas, às vezes.

Psiquiatra: Gostaria que não desse muito crédito para o que as pessoas falam a respeito de você. O momento em que se propõe a ser mais empática é o momento em que isso se torna uma tarefa, o que, na verdade, resultaria numa diminuição da sua empatia. É bom não fingir interesse por coisas que não te interessam.

Olhando para os resultados do seu formulário, você parece ter tendência para distorção cognitiva; isto é, tende a se encarar como pior do que é (o que se chama às vezes de "falso mau"; enquanto um "falso bom" é alguém determinado a se sentir melhor do que realmente é). Os resultados indicam que você é mais ansiosa e obsessiva que deprimida, e que suas ansiedades se elevam em particular quando se trata de relações sociais.

Você também tende a ser passiva em suas perspectivas sobre as mulheres. Você parece pensar: "Meu papel na sociedade é ser uma mulher, portanto isso é tudo o que posso ser". Você culpa as circunstâncias em vez de sua personalidade, em outras palavras.

Estes são os resultados mais significativos: você é muito ansiosa e sente que é difícil ser funcional em termos sociais, e tende a pensar que é muito pior do que é de verdade. Você vivencia seus estados emocionais de forma bastante subjetiva, extremamente sensível e quase sempre depressiva. E considera essa sua condição bem incomum.

Eu: Tudo isso faz bastante sentido. Mas a ideia de que sou, na verdade, *normal* é, de certa forma, ainda mais estranha para mim. Me faz pensar que sou apenas uma dose excessiva de mim mesma.

Psiquiatra: Você pesquisou sobre distimia, ou transtorno depressivo persistente? O que acha disso?

Eu: Pesquisei, sim. Nunca encontrei um conjunto de sintomas que me descrevesse com tanta perfeição. E, lendo mais a respeito disso, me senti triste. Como deve ter sido horrível para quem sofria disso no passado e não percebia.

Psiquiatra: Você realmente precisa se preocupar com essas pessoas hipotéticas?

Eu: Isso é errado?

Psiquiatra: Não há certo nem errado aqui. É apenas curioso. Porque a preocupação não tem fim uma vez que comece a pensar nela. Se você mudar a perspectiva do passado *deles* para o *seu* presente, pode começar a perceber suas experiências pessoais de um modo mais positivo. De "que pena que eles não se deram conta disso" para "quanta sorte eu tenho porque *eu* me dei conta disso". No passado, você não saberia como classificar seus sintomas, mas agora você sabe. Isso é motivo de alívio, não de mais sofrimento.

Eu: É incrível... Qual é a razão para essas minhas emoções ambivalentes?

Psiquiatra: É como acontece com a sua culpa. Você quer estrangular alguém, e automaticamente se sente culpada por ter pensado nisso. Sua própria raiva te faz se sentir culpada. Há um desejo de punir a si mesma, digamos assim. Você tem um superego que exerce controle sobre você, um superego constituído não apenas de suas experiências, mas remendado com todas as coisas que você admira, criando uma versão idealizada de si própria. Porém, essa versão idealizada de si é, no fim das contas, apenas um ideal. Não é quem você é de fato. Como não consegue alcançar esse ideal no mundo real, você se pune. Se tiver um superego rígido, o ato de se punir acaba se tornando gratificante. Por exemplo, quando suspeita do amor que está recebendo, e começa com pirraças até que a pessoa a seu lado surte e vá embora, você se sente aliviada. Com o passar do tempo, acaba sendo mais controlada por forças externas imaginárias do que por qualquer coisa que seja realmente você.

Eu: Entendi. E quanto ao fato de que gosto de ficar sozinha, mas também odeio ficar sozinha?

Psiquiatra: Mas isso não é normal?

Eu: É?

Psiquiatra: Claro que é. A intensidade do sentimento é diferente para cada um, mas todo mundo se sente assim de certa forma. Precisamos viver com outros em sociedade, mas também precisamos do próprio espaço. É natural que esses sentimentos contraditórios coexistam.

Eu: Você acha que eu tenho baixa autoestima?

Psiquiatra: Os extremos tendem a se encontrar. Por exemplo, pessoas que aparentam ser arrogantes tendem a ter baixa autoestima. Elas ficam tentando fazer os outros admirá-las. Contudo, quem tem autoestima elevada não se importa de verdade com o que os outros pensam a respeito dela.

Eu: (Esse é um jeito de dizer que tenho baixa autoestima.) Quando olho para trás, para as coisas que fiz, tudo parece patético e digno de pena.

Psiquiatra: Isso pode ocorrer porque você costuma se comportar não como *quer*, mas motivada por um senso de obrigação, ou então de acordo com padrões que você inventou.

Eu: Também sou obsessiva quanto à minha aparência. Houve uma época em que jamais sairia de casa sem maquiagem. Ou achava que ninguém olharia para mim se engordasse.

Psiquiatra: Não é a aparência em si que gera a obsessão. O fato de ter uma versão idealizada de si mesma na cabeça é o que te deixa obcecada por sua aparência. Você criou uma versão idealizada bem específica e inalcançável. É por isso que provavelmente pensa coisas como: "Sou um fracasso se pesar mais que cinquenta quilos". A única coisa a se fazer aqui é continuar tentando medidas diferentes, pouco a pouco; continuar tentando entender até que ponto a mudança é confortável para você e o que é que você quer de verdade. Quando entender do que gosta e como reduzir sua ansiedade, sentirá satisfação. Será capaz de aceitar ou rejeitar o que os outros falam de você.

Eu: O fato de eu comer compulsivamente é relevante aqui também?

Psiquiatra: É, sim. Porque, quando a satisfação em sua vida diminui, é natural regredir para medidas primitivas. E comer e dormir são nossas medidas instintivas mais básicas. Porém, a satisfação com a comida não dura muito. Exercício e atividades externas podem ajudar nesse caso. Estabelecer algum tipo de objetivo de longo prazo, digamos assim.

Eu: Está certo. Vou começar a me exercitar de novo.

O DILEMA DO PORCO-ESPINHO

"Os extremos tendem a se encontrar. Por exemplo, pessoas que aparentam ser arrogantes tendem a ter baixa autoestima. Elas ficam tentando fazer os outros admirá-las."

O estado contraditório de desejar intimidade, mas também querer manter os outros a distância, é chamado de dilema do porco-espinho. Sempre quis ficar sozinha, mas sempre odiei ficar sozinha. Dizem que é porque tenho fortes tendências codependentes. Sinto estabilidade quando dependo de alguém, mas meu ressentimento cresce. Quando saio do relacionamento, sinto-me livre, mas a ansiedade e o vazio vêm logo em seguida. Em todos os relacionamentos que tive, eu me agarrava ao meu parceiro, mas também o tratava com severidade. Quanto mais recebia dos outros, mais me cansava deles, e me odiava por me sentir assim. No entanto, voltava a ser a namoradinha bonitinha assim que a pessoa dissesse que gostava de mim. Sei que, dentro da segurança de um relacionamento, eu me tornava cada vez mais uma covarde.

O que pode ser o motivo pelo qual me sinto incapaz de sair do meu emprego. Ele é parte integrante do modo como vivi até aqui. A questão crucial não é se esse é o jeito certo ou errado de viver, mas sim se é saudável para mim viver dessa forma. Eu sei a resposta, mas é tão difícil agir da maneira apropriada. Sou desnecessariamente dura comigo mesma, então preciso de conforto, de alguém que esteja ao meu lado.

2

SOU UMA MENTIROSA PATOLÓGICA?

Eu minto de tempos em tempos. A tal ponto que não consigo acompanhar minhas próprias mentiras. Por exemplo: na época em que era estagiária, estava almoçando com minha chefe e começamos a falar sobre viagens internacionais. Minha chefe me perguntou quais países eu havia visitado. Naquele momento, nunca tinha saído do país e me senti envergonhada disso. Então menti e disse que conhecia o Japão. Passei o resto do almoço com medo de que minha chefe me fizesse perguntas sobre o Japão.

Sou muito boa em imergir emocionalmente em mim mesma e sou muito empática; também me sinto pressionada a ser empática, o que significa que, quando alguém compartilhava uma experiência comigo, eu me via mentindo e dizendo que tinha passado pela mesma coisa. Mentiria para fazer os outros rirem ou para conseguir atenção, ao mesmo tempo que me repreenderia por mentir.

Eram apenas mentirinhas, inocentes o bastante para passarem despercebidas – mas havia muitas delas. Por causa da culpa, jurei a mim mesma que pararia de mentir, não importando quão boba a mentira fosse; porém, uma noite, quando estava bêbada, acabei mentindo para uma amiga. Uma mentira tão vergonhosa que não consigo nem colocar em palavras. E essa mentira arruinou todos os meus esforços recentes para mudar minha forma de ser.

Psiquiatra: Como tem passado?

Eu: Nada bem. Bem mal, para falar a verdade. Estava muito mal até quinta e comecei a me sentir melhor na sexta e no sábado. Acho que eu deveria te contar tudo pelo bem da minha terapia, certo?

Psiquiatra: Só se você se sentir confortável com isso.

Eu: Você acha que um dia serei capaz de diminuir esses meus padrões idealizados?

Psiquiatra: Se desenvolver autoestima suficiente, sim. Quando isso acontecer, vai perceber que não estará mais interessada em aspirar à perfeição nem em correr atrás de um ideal.

Eu: Será que um dia vou desenvolver autoestima suficiente?

Psiquiatra: É bem provável.

Eu: Sinto que padeço de um desejo covarde por atenção. Quero que as pessoas pensem que sou especial e isso me faz mentir. Quando conto uma história, tendo a exagerar porque quero que quem me escute dê risada, e, quando quero mostrar compaixão pela história de alguém, eu digo: "Passei pela mesma coisa", e minto para essa pessoa. Depois, sofro com a culpa. É por isso que estou tentando não contar mais mentiras, por mais bobas que sejam. Mas, depois da sessão de sexta passada, saí para beber com uma amiga e menti sobre uma coisa.

Psiquiatra: Porque você queria mostrar solidariedade por sua amiga?

Eu: Não. Acho que eu só queria atenção. Não era o tipo de história pela qual se sente compaixão.

Psiquiatra: Você acha que teria mentido se não estivesse bêbada?

Eu: Nunca, jamais.

Psiquiatra: Então é só uma bobagenzinha que você disse porque estava bêbada. Pode esquecer o que aconteceu.

Eu: (Fiquei surpresa.) Posso mesmo fazer isso? Não sou uma mentirosa patológica?

Psiquiatra: Claro que não. Costumamos mentir quando nossas habilidades cognitivas são afetadas por algum motivo. Como quando estamos bêbados, por exemplo. Você sabe como nossa memória ou julgamento falham depois de alguns drinques, não sabe? Subconscientemente, começamos a mentir para preencher os espaços vazios. Quantas vezes você já não viu pessoas bêbadas insistirem que não estão bêbadas? Também acabamos falando coisas que não têm nada a ver com o contexto.

Eu: Então não há nada de errado comigo?

Psiquiatra: Está tudo bem com você. Quando estamos bêbados, perdemos as amarras da própria mente. Chamamos isso de "desinibição". Álcool e drogas causam desinibição, é por isso que muitos comportamentos compulsivos aparecem quando estamos embriagados, e acabamos fazendo coisas que em geral não nos permitiríamos fazer. Então, não fique se remoendo por isso, pelo menos não mais que um dia. Apenas diga a si mesma: "Não vou beber tanto da próxima vez", e vida que segue.

Eu: Acho mesmo que ultimamente tenho me sentido mal por menos tempo a respeito dessas coisas.

Psiquiatra: Aprenda a culpar um pouco o álcool, não a si mesma. Você mesma disse que, se não fosse pelo álcool, não teria mentido; que só mentiu porque estava bêbada.

Eu: Mas isso não é mentir patologicamente?

Psiquiatra: Não, isso é estar bêbado.

Eu: Doutor, eu tenho tanta inveja de pessoas que não falam bobagens, mesmo quando estão bêbadas.

Psiquiatra: E essas pessoas existem? Só se forem as pessoas que dormem quando estão bêbadas. Nesses casos, se o núcleo pré-óptico ventrolateral não fosse, por acaso, a primeira parte do cérebro delas a ficar embriagada e fazê-las dormir, elas também diriam coisas ridículas. E aquelas que não o fariam seriam as que têm alta tolerância ao álcool.

Eu: Oh... Semana passada, você me disse que a razão de eu querer ser uma pessoa justa era o fato de ser bondosa. Mas acho que é por *não* ser uma pessoa justa que quero me tornar mais justa.

Psiquiatra: Você já se definiu como uma pessoa injusta. Você tem padrões elevados e fora da realidade, e sempre ficará inventando motivos para ver a si mesma como inadequada, como alguém que precisa eternamente ser melhorada. Ficar bêbada é um exemplo disso. Bebemos precisamente para ficarmos bêbados, mas agora você tem inveja de pessoas que bebem e *não* ficam bêbadas.

Eu: Parece tão óbvio quando você fala assim! Outra coisa: quis pedir demissão esta semana. Estava tão estressada. Na quarta, saí para beber com uns amigos e, no fim das contas, minha situação no trabalho está melhor que a deles, e eu até que gosto da minha chefe, entende? Mas meus amigos não estavam bem, e não dava para eu ficar reclamando nem parecendo ingrata. Acabei só ouvindo as histórias deles. Porém, tenho problemas no trabalho também! E lá estava eu, sentada, ouvindo os problemas de outras pessoas. Todos estão em uma situação pior que a minha, meus amigos, meus colegas de trabalho, todo mundo, eu acho. Mas sinto que foi tão injusto eu não ter tido a chance de falar de mim.

Psiquiatra: E você se controlou e conteve essa raiva. Como deveríamos liberá-la?

Eu: Pensei em discutir meus problemas de trabalho com minha chefe, mas passei o dia todo tendo dificuldades com uma tarefa que ela havia me passado, e demorei até a tarde para pedir ajuda – ela resolveu o problema na hora. Fiquei tão grata que não consegui reclamar. Porque sei que ela também está passando por um bom bocado.

Psiquiatra: Por que você pensa tanto nas dificuldades que os outros estão enfrentando?

Eu: (A ficha caiu.) Tem razão. Não seria mais natural que eu *não* pensasse?

Psiquiatra: Então reclame. Deixe que os outros saibam como as coisas são difíceis para você.

Eu: Eu não saberia o que dizer.

Psiquiatra: Observe como as outras pessoas falam sobre o assunto. Elas estão dizendo que têm dificuldades – é assim que você sabe, sem sombra de dúvida. Mas acho que você é o tipo de pessoa que perguntaria a alguém que não está em dificuldade se ela está em dificuldade.

Eu: (Rompendo em lágrimas nessa hora.) Você quer dizer que eu estava apenas *fingindo* ser bondosa esse tempo todo?

Psiquiatra: Você *é* bondosa. Não há nada que possa fazer a respeito disso.

Eu: Mas não acho que seja bondade. Acho que é só... ser patética.

Psiquiatra: Você está tentando silenciar suas próprias reclamações ao pensar: "Ao menos estou melhor que eles". E o mundo está tão cheio de sofrimento que a coisa mais fácil é achar quem está passando por dificuldades maiores que as nossas. Mas, quando você consegue achar, insiste em dar o passo extra de se censurar: "Como pude estar tão cega às dificuldades dessa pessoa até agora?".

Que bom que você pensa nos sentimentos das outras pessoas e presta atenção a eles. Mas quero que faça um balanço de si mesma. Um balanço dos seus sentimentos. Você deveria compartilhá-los com seus amigos, ou, se for compartilhar com algum colega de trabalho, poderia dizer algo como: "Sei que estou melhor que você em certos aspectos, mas estou em dificuldade também". No mínimo, isso deixará você e o ouvinte mais confortáveis um com o outro.

Eu: Nunca tive esse tipo de conversa com meus colegas de trabalho. E não que minhas emoções não sejam visíveis em meu rosto. Sou péssima em esconder meus sentimentos. Na quinta, quando queria pedir demissão, qualquer um notaria que eu estava irritada. O que faz as pessoas me evitarem.

Psiquiatra: É provável que elas tenham pensado que você só estava tendo um dia ruim. Você tem que fazer um esforço para conhecer a si mesma. Não pode deixar de fazer esse esforço e ficar pensando: "Por que sou assim?".

Eu: Eu não me conheço muito bem?

Psiquiatra: Tenho a impressão de que você não se interessa muito por si mesma.

Eu: Mesmo sabendo que mantenho um diário dos meus sentimentos?

Psiquiatra: Isso não é, na verdade, um registro de si mesma em terceira pessoa?

Quando estamos passando por dificuldades, é natural sentir que estamos enfrentando as maiores dificuldades do mundo. E não é egoísmo sentir-se assim. Só porque certas condições na sua vida são relativamente melhores, não quer dizer que você esteja melhor no geral. Pense no trabalho ou na educação. É ótimo quando você entra em uma boa companhia ou universidade, mas, uma vez que se acostume a elas, as reclamações começam. Você acha possível pensar: "Este lugar é perfeito!" do começo ao fim de uma experiência? Outras pessoas podem te invejar, mas isso não te tornará automaticamente satisfeita com o seu quinhão. É por isso que não deve se torturar com perguntas como: "Por que não consigo ser feliz com o que tenho?".

Eu: Tudo bem. Na quarta, estava feliz porque estava relaxando com meus amigos, mas foi só uma semifelicidade. Por que alguém precisa dizer: "Foi tão divertido ontem" para eu achar que foi realmente muito legal? Porque, do contrário, eu não acharia. Estou sempre pensando: "Será que não estou entediando essas pessoas?" ou "Estou me divertindo muito agora, mas o que eles estão sentindo?".

Psiquiatra: Não acho que levar os outros em consideração é algo ruim. Só é um problema quando você exagera e se torna uma obsessão; acho que, no seu caso, beira a obsessão.

Eu: Beira mesmo. E eu costumava demorar muito tempo para dormir, mas as pílulas que você prescreveu me deixam com sono na hora certa.

Psiquiatra: Você ainda acorda no meio da noite?

Eu: Uma vez por volta das quatro e outra por volta das cinco da manhã.

Psiquiatra: Você deveria deixar seu telefone bem longe quando dorme. Não faz diferença para o trabalho se olhar as mensagens de noite ou na manhã seguinte, certo? Tente se distanciar daquilo que pode se distanciar. Estabeleça as suas próprias prioridades.

Eu: Na sexta de manhã, antes de tomar minha medicação, estava ansiosa e não conseguia me concentrar para trabalhar em nada. Os remédios realmente me fizeram sentir melhor. Fiquei um pouco ansiosa esta manhã também, mas, depois que tomei os remédios por volta das oito, me senti melhor.

Psiquiatra: Essa ansiedade pode ser efeito colateral do meio comprimido que você toma à noite. Desde que tome os remédios de manhã, vai dar tudo certo.

Eu: Não vou ficar viciada neles?

Psiquiatra: Não são os remédios que tornam as pessoas viciadas neles. Os viciados vêm aqui para tratamento também.

Eu: Quando tomo meus remédios de manhã, eu me sinto muito melhor.

Psiquiatra: Aproveite isso. Às vezes, mesmo se sentindo melhor, você pode pensar que os comprimidos estão prejudicando seu corpo, o que poderia se tornar outra fonte de estresse. Tente aproveitar o presente. Neste instante, você parece grata e ainda assim preocupada com o futuro ao mesmo tempo.

Eu: (Pensando comigo mesma: "Se fosse assim tão fácil, eu não estaria aqui, para começo de conversa".)

Psiquiatra: Você está bem agora, do jeito que é. Pode dizer umas bobagens quando está bêbada, pode haver efeitos colaterais dos comprimidos, mas você está bem. Se tiver efeitos dos remédios, pode me ligar e me xingar.

Eu: (Essa garantia de que estou bem me faz querer chorar de alívio, que ridículo.)

Psiquiatra: E então, quais são seus planos para este final de semana?

Eu: Vou para meu clube de cinema.

Psiquiatra: Parece divertido.

Eu: É mesmo, e me deixa um pouco nervosa. Não gosto de clubes de livros porque tenho um diploma em escrita criativa e trabalho para uma editora, o que faz as pessoas criarem todo tipo de expectativa a meu respeito. Estava receosa de que as pessoas no clube de cinema também pensassem o mesmo.

Psiquiatra: Por que decidiu se juntar a um clube de cinema?

Eu: Não gosto de sair, então não tenho oportunidade de ver muitas pessoas, fora amigos próximos. Só passo tempo com meu namorado, e temia que a década dos meus vinte anos passasse assim, sem que eu tivesse experiências diferenciadas.

Psiquiatra: Então você queria a oportunidade de ter experiências novas?

Eu: Sim.

Psiquiatra: Isso é bom. E você tenta atender às expectativas que os outros têm em relação a você por lá? De que é uma pessoa muito letrada porque trabalha em uma editora?

Eu: Não.

Psiquiatra: E mesmo assim não é rejeitada por eles. Tenho certeza de que as pessoas podem ficar impressionadas ou desapontadas com você, mas quero que, a princípio, concentre-se nos motivos para se juntar a um clube de cinema.

Eu: O filme que eles escolheram desta vez não é do tipo que eu gosto. Não tenho nada a dizer a respeito dele. Está tudo bem se eu não falar nada?

Psiquiatra: Claro. Apenas diga: "Eu não gostei, não é o tipo de filme de que gosto".

Eu: Mas vou ficar constrangida.

Psiquiatra: É só a sua opinião. Não há nada de certo ou errado nisso. É claro que os outros podem ter expectativas, ou talvez você se sinta pressionada a fazer uma crítica impressionante por causa dos seus estudos e seu trabalho. Porém, assim que pensar consigo mesma: "Bom, esse é o meu jeito, não há nada a se fazer quanto a isso", você se sentirá muito mais livre.

Eu: Oh. Só de pensar, já me sinto mais leve.

Psiquiatra: Não seria mais divertido pensar: "O que será que faremos depois do filme? O que deveríamos jantar? Com quem eu vou papear?".

Eu: Tem razão.

HOJE, COMO SEMPRE, ESTOU NO PROCESSO DE MELHORA

"Quando estamos passando por dificuldades, é natural sentir que estamos enfrentando as maiores dificuldades do mundo. E não é egoísmo sentir-se assim."

É definitivamente reconfortante ser aconselhada por um profissional. Assim como é mais reconfortante que um enfermeiro ou médico trate de seu ferimento e diga que você ficará bem, em comparação a um não profissional que diz as mesmas palavras. Mesmo quando sentia que meu psiquiatra olhava para mim como se eu fingisse ser legal ou frustrantemente densa.

No clube de cinema, fiz o que meu psiquiatra sugeriu e disse que o filme não tinha sido interessante para mim e que não era do tipo que eu gostava. Ouvindo as gravações de minhas sessões, fiquei maravilhada com a quantidade de coisas que consegui contar ao doutor. Só fiz três sessões até agora, mas decidi pensar que estou em meio a um processo. Em casa, ainda estava agitada comigo mesma, me comparando com outros e me criticando por ser tão digna de piedade, mas não o fazia mais com tanto gosto quanto antes.

Disseram-me uma vez que preciso ser capaz de escrever mesmo quando tudo está bem, e me pergunto se isso exige prática também. Só escrevo quando o tempo, meu corpo e minha mente estão sombrios. Quero escrever coisas boas enquanto penso em coisas boas. Odeio ficar cheia de carga, de trevas e de excesso. Então eis aqui o meu pensar de modo mais positivo!

3
ESTOU SOB VIGILÂNCIA CONSTANTE

Quando minha autovigilância começou? Escarafunchei meus e-mails e encontrei por acaso algo que escrevi há dez anos. Dizem que, quando estamos muito feridos, tentamos esquecer as feridas em vez de curá-las, e deve ter sido isso o que aconteceu comigo. Porque não conseguia lembrar de jeito nenhum o que descrevia no e-mail.

Sofri de eczema desde o nascimento. Naquela época, não era tão comum como é hoje e os médicos negligenciaram a situação como uma irritação de pele passageira, e só bem mais tarde na vida recebi um diagnóstico apropriado.

As dobras cutâneas de meus braços, pernas e a região em torno dos meus olhos costumam ficar avermelhadas, com lesões ressecadas. Meus colegas de sala, de tempos em tempos, me provocavam: "O que há de errado com sua pele? É nojenta!", e um menino de quem eu gostava chegou a me dizer que eu me parecia com a avó dele, bem na minha cara.

Por volta do quinto ano, havia uma atividade de Educação Física que envolvia uma dança entre meninos e meninas. Meu parceiro parecia odiar a ideia de me tocar e se recusava a segurar minha mão, fazendo os movimentos enquanto evitava qualquer tipo de contato. Foi aí que comecei de verdade a me sentir envergonhada de mim mesma. Eu era nojenta, feia, como uma velha, uma esquisitona que deveria se esconder da vista dos outros.

No ensino fundamental, meus amigos e eu éramos membros de uma comunidade on-line e o fórum de discussão anônimo uma vez ficou repleto de insultos contra mim. Quase não suporto me lembrar deles, mas eram comentários como "Não dá pra ver pela cara, mas o corpo dela é bem gordo", "Você deveria tomar banho com mais frequência, seus cotovelos são escuros e nojentos", esse tipo de coisa. Feriu-me profundamente ser julgada pela minha aparência dessa maneira.

Esse período sumiu do meu consciente, mas, considerando que tenho o hábito de esfregar meu cotovelo toda noite e checar no espelho incontáveis vezes durante o dia para ver se tenho algo no rosto, essas memórias devem persistir no subconsciente. Sempre estou preocupada com a forma como os outros me veem. Essa autoconsciência me levou ao ponto de gravar minha voz para ouvir como ela soa. Nada me causa mais medo do que a ideia de alguém zombar de mim enquanto sofro de alguma dor.

Psiquiatra: Como foi seu clube de cinema?

Eu: Tudo bem.

Psiquiatra: Falaram sobre muitas coisas?

Eu: Na verdade, não. Quando eu disse que não tinha gostado do filme, o moderador da discussão me perguntou do que eu não tinha gostado e falei que não conseguia formular o motivo naquele momento. Então ouvi os outros expondo os motivos pelos quais eles não haviam gostado e isso me ajudou a articular minha opinião. Quando ouvi a gravação de mim mesma, percebi que acabei falando bastante durante a reunião.

Psiquiatra: Por que gravou a si mesma?

Eu: No escritório, eu gravo todas as minhas reuniões importantes e também gravo nossas sessões para ouvi-las depois. Costumo ficar tão tensa durante essas interações que tenho dificuldade de lembrar o que foi dito.

Psiquiatra: Você tem mesmo necessidade de se gravar o tempo todo?

Eu: Bom, o propósito de gravar as nossas sessões é ter meu próprio registro do que aconteceu, mas, em outros casos, não consigo me lembrar do que foi dito nas conversas porque estava muito nervosa no momento.

Psiquiatra: É como se se mantivesse sob a vigilância de uma câmera de segurança – para avaliar seu comportamento depois de cada interação. "Agi bem naquela hora? Sobre o que falamos?". O esquecimento pode ser libertador, sabe. Deve ser cansativo fazer o que faz.

Eu: Isso me dá segurança e me causa vergonha ao mesmo tempo. Segurança se ocorrer de eu falar bem; vergonha, se falar mal.

Psiquiatra: Acho que deveria começar a se permitir esquecer e abrir mão das coisas que já aconteceram.

Eu: Está bem. Imagino que isso também me faça parecer um robô.

Psiquiatra: Um robô?

Eu: Sim.

Psiquiatra: Na verdade, não quis dizer nada significativo na sessão anterior, quando comentei sobre você ser como um robô, mas acho que atribuiu bastante significado a ele.

Eu: (O doutor tem razão, fiquei pensando sobre o comentário depois.) Tem razão. Fico pensando no que as pessoas falam sobre mim constantemente. Me pergunto o motivo pelo qual mantenho essa autovigilância.

Psiquiatra: Você investe demais em descobrir o que as pessoas pensam. Isso ocorre porque sua satisfação consigo mesma é muito baixa. Mas sua vida é a sua vida, seu corpo é o seu corpo – e *você* tem responsabilidade em relação a isso. Mas não processa as informações que recebe com um mecanismo de racionalidade ou reflexão; você vai direto ao extremo. Autovigilância não é necessariamente algo ruim, mas há tanto que pode fazer com a informação, como racionalizar ou encontrar outras formas de pensar a respeito – mas você só consegue fazer uma coisa com ela. Pode haver tantos motivos para algo, mas você está tão focada no resultado que não os percebe. Você se concentra no "Estou triste, quero chorar, estou nervosa", o que apenas amplia essas emoções.

Eu: (Chorando.) Por que nasci assim? Tão propensa à autoconsciência e a extremos emotivos?

Psiquiatra: A personalidade tem muita relação com a natureza, mas a criação também exerce um papel enorme, da mesma forma.

Eu: Quando converso com minhas irmãs, somos todas iguais – e é por isso que não falamos uma com a outra a respeito de nossos parceiros. Estamos sempre tão nos extremos que nunca chegamos a conclusões racionais. Isso me leva à pergunta: será que somos assim de nascença? Ou algo aconteceu conosco?

Psiquiatra: Talvez sua percepção da realidade seja tão polarizada e extrema que você só consegue enxergar suas irmãs no enquadramento de "Tudo que nos diz respeito é igual" ou "Tudo que nos diz respeito é diferente".

Eu: Quer dizer que é só uma questão da minha perspectiva e não tem relação com a realidade em si?

Psiquiatra: Exatamente.

Eu: Realmente vivo tão nos extremos assim?

Psiquiatra: Não é que você viva "nos extremos". Apenas tem certa tendência. Antes de mais nada, acho que você precisa separar o trabalho do resto. Se está estressada no trabalho, deveria relaxar quando está em casa, mas está em casa ouvindo gravações de si mesma. Isso mistura os dois espaços, o que te faz sentir vergonha e ansiedade quase constantes.

Eu: Entendi. Sabe, nada aconteceu esta semana, mas não consegui dormir direito à noite. Acordava às quatro da manhã e não conseguia voltar a dormir, então colocava um filme para assistir. Foi frustrante dormir tão pouco.

Psiquiatra: Você deve ter ficado bem cansada durante o dia.

Eu: Me senti bem melhor do que o esperado. Por exemplo, quando as pessoas falam meu nome, tendo a enrubescer. Mas isso não aconteceu esta semana.

Psiquiatra: Quantas horas você dormiu?

Eu: Por volta de quatro ou cinco horas por noite, no geral um sono longo de cinco horas e depois em blocos de dez ou vinte minutos. Levo cerca de quarenta minutos do escritório para meu apartamento. É uma estrada rural cheia de plantações de arroz e minha mente fica tão mais clara quando passo por ela. Estar só em casa me deixa deprimida de novo. Pensei sobre isso e percebi que era porque eu olho postagens do Instagram de pessoas que invejo. Acho que isso me deixa mais depressiva.

Psiquiatra: Como são essas pessoas? As que você inveja?

Eu: Uma delas é uma editora-chefe em uma companhia na qual eu queria trabalhar. Tentei transferência para lá, mas fiz besteira na entrevista. Ela é bonita e se veste bem e os funcionários dela parecem legais também. Sinto tanta inveja que me pergunto o que há de errado comigo para não conseguir ser assim.

Psiquiatra: Quão satisfeita você está com o trabalho que faz?

Eu: Muito satisfeita, mas também um pouco entediada.

Psiquiatra: Sentimentos de inveja são muito comuns, significam apenas que você tem ideais. Mas inveja associada a comparações constantes consigo mesma é algo diferente. Acho que você está idealizando um pouco essa pessoa, não parece ser nada muito sério.

Eu: O que seria classificado como sério?

Psiquiatra: Algo que se manifestaria no seu comportamento. Mas, desde que consiga pensar: "Estou bem", você ficará bem. Não há necessidade de ser muito negativa sobre o fato de invejar os outros. Pode ser uma motivação para você melhorar.

Eu: Tem razão. Respeito muito minha chefe no trabalho. Quando esse respeito é saudável, eu penso: "Ela é tão maravilhosa, vou seguir o exemplo dela". Mas às vezes penso: "Por que não pensei nisso?", e acabo me deprimindo.

Psiquiatra: Nós todos passamos por períodos assim. Sentimos desespero e com frequência ganhamos novas ferramentas quando superamos esse desespero. E, quando está deprimida, sua perspectiva muda, e a mesma situação passa a ser interpretada de outra forma.

Eu: Então o humor é importante?

Psiquiatra: Seu humor é extremamente importante. Ele determina como você interpreta os eventos aleatórios de sua vida.

Eu: Mas não sei se consigo melhorar meu humor.

Psiquiatra: Não necessariamente melhorar, mas talvez não deixá-lo chegar a extremos? Acho que deveria focar nisso.

Eu: Mas não consigo. Não acho que seja possível para mim.

Psiquiatra: Está vendo? Você já está dizendo que não consegue. Já eu tenho certeza de que consegue, sim. Veja como conseguiu esta semana. Na semana passada, você disse que não estava tão bem.

Eu: Tem razão. E houve um incidente. Postaram um artigo sobre o clube de cinema no nosso grupo do Facebook. Tinha vários *likes*, então cliquei no link e fiquei surpresa porque todo mundo parecia ter frequentado boas escolas. O presidente do clube estudou em uma universidade de prestígio e deve ter contratado muitos dos colegas de faculdade quando abriu a própria companhia, porque todos tinham frequentado boas escolas. Descobrir isso me deixou intimidada e me fez querer sair do clube. Tento evitar o assunto de universidades; fico me sentindo ao mesmo tempo inferior e superior. Por exemplo, posso estar me saindo bem em uma conversa com alguém, mas, se eu descobrir que a pessoa estudou na Universidade Nacional de Seul, logo penso: "Será que tudo que acabei de falar soou estúpido para ela?".

Psiquiatra: Mas você fez universidade. E se estivesse conversando com alguém que, por algum motivo, não fez universidade, e essa pessoa dissesse algo como: "Mas *você* foi para a universidade". O que pensaria então?

Eu: Eu pensaria: "Mas o que isso tem a ver?".

Psiquiatra: Exatamente. Você entra na universidade com base no mérito de suas notas do ensino médio, mas, dependendo daquilo pelo que se interessa depois, a profundidade e amplitude de seus pensamentos podem variar tremendamente. Suas notas de ensino médio não determinam sua vida.

Eu: Com certeza, não.

Psiquiatra: Quando você acha que alguém é superior a você, deveria tentar aplicar esses mesmos padrões em circunstâncias diferentes. Por exemplo, digamos que está assistindo à entrevista de alguém na televisão; essa pessoa não foi capaz de terminar o ensino médio por causa da pobreza, mas conseguiu obter o diploma com trabalho árduo mais tarde na vida. Pelos padrões que está usando para o outro, a pessoa "superior", as qualificações do entrevistado deveriam ser desvalorizadas. Mas você realmente concorda com isso?

Eu: Não. Claro que não.

Psiquiatra: Aí está. Você tende a aplicar esses padrões quando está em desvantagem, não quando está com a vantagem. Agora, é claro que a estrutura de classes sociais existe e graduados em universidades de prestígio estão um passo à frente. Mas, nesse ponto da vida, mudar para uma companhia não tem nada a ver com suas notas e, sim, com sua experiência de trabalho.

Eu: Eu deveria mesmo tentar pensar dessa maneira.

Psiquiatra: Você deveria tentar se impedir de recair em padrões de pensamento que está habituada a usar.

Eu: Acho que preciso mudar bastante. Eu tinha um enorme complexo de inferioridade no tocante a universidades, por isso mudei de faculdade. No começo, estava exultante. Mas o nome da sua universidade é só um título exterior. Embora tivesse conseguido tudo o que eu queria, continuava depressiva.

Psiquiatra: É uma questão de se "tudo o que você sempre quis" *realmente* era tudo que você queria, para início de conversa.

Eu: Honestamente, não sei.

Psiquiatra: Por exemplo, você pode ter confundido o ato de pegar o trem com seu destino, perdendo de vista o próprio destino. O tempo todo esteve presa a preconceitos e normas sociais.

Eu: Mas me sinto feliz de verdade por ter estudado escrita criativa.

Psiquiatra: É exatamente isso. O que importa não é o que as pessoas dizem, mas o que você gosta e onde encontra alegria. Espero que foque menos na forma como olha para outras pessoas e mais em realizar seus verdadeiros desejos.

Eu: Estou falando disso só agora, mas na verdade não sei como diferenciar o que quero de fato daquilo que os outros querem para mim.

Psiquiatra: Você sabe quando, às vezes, tem um pressentimento de algo, mesmo quando diz que não faz a menor ideia? Essa alegria que sentiu quando estudou escrita criativa e essa satisfação com seu trabalho atual? Acho que esses são seus sentimentos mais honestos.

Eu: Aqueles que sinto de imediato?

Psiquiatra: Sim, como o prazer.

Eu: Se eu sentir outras coisas que não prazer, não devo fazê-las?

Psiquiatra: Bom, às vezes você precisa fazer coisas que não quer, por razões diversas.

Eu: O clube de cinema vai acabar logo. Outro clube vai começar, mas não sei se quero participar ou não.

Psiquiatra: Por que não escreve os prós e os contras do clube? Talvez ache uma resposta. É só um *hobby*, no fim das contas. Não pode permitir que seu *hobby* vire algo estressante. Mas espero que, se decidir não participar, não seja por causa do medo.

Eu: Tenho um sério complexo de vítima. Mesmo nesse clube, eu ficava pensando que as pessoas me odiavam.

Psiquiatra: Pode dar um exemplo?

Eu: Fomos a um bar depois do clube. Eu não queria ficar bêbada e consegui me manter sóbria no começo, mas depois acabei bebendo. Estava perto do final e não consigo me lembrar exatamente do que aconteceu, mas percebi o presidente e o moderador sinalizando um para o outro que alguém deveria me colocar num táxi. Fiquei tão envergonhada com essa lembrança esmaecida, e tive a sensação de que eles me odiavam.

Psiquiatra: Será que não estavam apenas preocupados com você?

Eu: Quê?

Psiquiatra: Bom, quando um amigo está muito bêbado, você chama um táxi para que ele chegue em casa em segurança.

Eu: Oh. Tem razão. Por que não pensei nisso? Eles estavam preocupados. Assim como eu ficaria preocupada com um amigo bêbado também.

Psiquiatra: De modo geral, antes que um sonho se torne realidade, tendemos a pensar que não desejaremos mais nada se aquele sonho se tornar realidade. Imagine como você se sentiria se sempre se lembrasse de que seu sonho já se realizou. Tudo o que vem depois seria um adorável bônus. Quando sente inveja de algo, tente imaginar como pareceria para sua versão de vinte anos. Ela não pensaria algo como: "Uau, olha só para mim! Eu me formei na faculdade e estou trabalhando numa editora!"?

Eu: (Subitamente rompendo em lágrimas.) Eu ficaria doida de alegria.

Psiquiatra: A ponto de pensar: "Quero chegar nessa pessoa e perguntar como ela conseguiu!". Mas seu "eu" do presente está olhando para sua vida e seu passado como se você fosse um fracasso. Quando, da perspectiva do seu "eu" mais jovem, você é a própria imagem do sucesso.

Eu: Às vezes acho que meu "eu" de 35 anos se sentiria tão triste por meu "eu" de 28. E, se encontrasse meu "eu" de vinte anos, eu diria para ele: "Não se preocupe tanto…". Mas isso é mais fácil de falar do que fazer.

Psiquiatra: O que quero dizer é: não se compare com outras pessoas. Compare seu "eu" presente com o seu "eu" do passado.

Eu: E meu complexo de vítima?

Psiquiatra: Precisamos investigá-lo. Porque há partes dele relacionadas com sua personalidade. Você viveu com ansiedade por muito tempo. Uma vez que suas novas experiências começarem a se sobrescrever às antigas, sua perspectiva de si mesma e dos outros pode se tornar muito mais brilhante do que é agora.

DE MEU "EU" DE VINTE ANOS PARA MEU "EU" DE AGORA

"O que importa não é o que as pessoas dizem, mas o que você gosta e onde encontra alegria. Espero que foque menos na forma como olha para outras pessoas e mais em realizar seus verdadeiros desejos."

Sempre olhei para o passado com a perspectiva do futuro: como meu "eu" de 28 anos olharia para meu "eu" de 35? Ou meu "eu" de vinte para meu "eu" de 28? Agora, quero chegar nos meus "eus" do passado e dizer-lhes: "Você não precisa se esforçar tanto".

No passado, quando eu não tinha nada, nem futuro, nem faculdade, nem dinheiro, quando aguardava as provas de transferência da minha universidade e estava fazendo trabalhos sem prestígio nenhum, como limpar as salas de estudo usadas por alunos ou trabalhar no balcão de academias de musculação desde as seis da manhã, quando meu rosto parecia um filme preto e branco sem vida e congelado no espelho – aquela garota poderia imaginar que ela se tornaria eu algum dia? Que ela se formaria na faculdade e trabalharia na editora dos seus sonhos, fazendo algo que amava? Como ela teria ficado feliz!

Trabalhei duro para chegar aqui. E agora ganho a vida fazendo o que gosto. Não tenho ansiedade sobre este ser o caminho certo para mim. Tudo o que quero é me tornar uma profissional cada vez melhor. É o bastante para mim – por que eu ficava me torturando ao me comparar com outras pessoas? Se meu "eu" de vinte anos me conhecesse hoje, choraria de felicidade. E isso me basta.

4
MEU DESEJO DE SER ESPECIAL NÃO É NEM UM POUCO ESPECIAL

Psiquiatra: Como tem passado?

Eu: Bem.

Psiquiatra: Bem como?

Eu: Aconteceu um monte de coisa. Fiz uma amizade. Somos muito diferentes e muito similares ao mesmo tempo. Diferentes personalidades, mas na mesma frequência, digamos assim. E é por isso que nos aproximamos com tanta rapidez. Costumo ficar muito ansiosa com relacionamentos assim e, honestamente, não tenho muitos amigos. Para mim, é difícil me aproximar de alguém. Tive uma amiga durante o último semestre da universidade. Ela era de um departamento diferente, mas a gente fez a mesma oficina de escrita criativa, ela era uma boa escritora – foi por isso, a princípio, que fui falar com ela – e logo nos tornamos amigas quase inseparáveis aquele semestre inteiro. Mas acabei perdendo contato com ela. Sabe quando você acha que alguém é muito parecido com você e daí, conforme o tempo passa, acaba vendo como é diferente? Ela não deve ter percebido como sou uma pessoa ansiosa e mesquinha. Acabou me achando apenas incompreensível. Cheguei ao ponto em que não sabia o que dizer na frente dela e ficava vigilante, perdendo toda a minha autoconfiança quando estávamos juntas. Depois que as aulas acabaram, fiz uma oficina de ficção com ela. Foi aí que meu ressentimento atingiu o ápice e larguei a oficina. Foi assim que perdemos contato. Não acho que isso tenha afetado muito minhas emoções na época, mas, desde que conheci essa nova amiga, comecei a ter *flashbacks* daquele tempo. Fico pensando: "O que vai acontecer se essa amiga também sumir da minha vida? Ela não vai querer mais interagir comigo se descobrir como sou". Tenho tanto receio disso.

Psiquiatra: Mas não há nada que possa fazer a respeito disso agora. Por que não focar no momento? Essa ansiedade de perder alguém parece surgir sempre que algo entra em sua posse.

Eu: Posse não é a palavra certa... Só tenho receio de que, quando começar a gostar de alguém, essa pessoa comece a pensar que sou uma trouxa.

Psiquiatra: Mas ela te trata mal? É o tipo de pessoa que acredita que, quando as pessoas gostam uma da outra, aquele que gosta mais é "fraco"?

Eu: Minha amiga não está interessada em ninguém mais, e eu estou interessada em pessoas que não se interessam por outras. Por isso é tão especial para mim que, de todas as pessoas em nossa companhia, ela tenha escolhido ser minha amiga. Especial, mas também patético da minha parte.

Psiquiatra: Por que acredita que tenha sido escolhida?

Eu: Exato. Não é engraçado?

Psiquiatra: Vamos redistribuir seus afetos um pouco. Porque, do contrário, você vai acabar como a pessoa fraca. E, quanto mais se sacrificar, mais vai esperar em troca. Vai sentir que, já que fez tanto por essa pessoa, não recebeu compensação suficiente por seus afetos e isso vai te deixar mais obcecada por ela.

Eu: Mas só *penso* muito sobre isso. Nunca ajo. Só fico sentada e não faço nada, e depois fico amargando meu próprio desapontamento.

Psiquiatra: O pensamento de que não pode trair a pessoa que te escolheu a faz se sentir em obrigação com essa pessoa, se sentir amarrada a ela. Em vez de manter as pessoas a distância ou viver na ansiedade de tentar desesperadamente não ser descartada quando um relacionamento se estabelece, tente pensar em termos de: "Sou realmente compatível com essa pessoa? Do que eu gosto nela, e do que não gosto?".

Eu: Ela é muito especial, mas eu sou tão comum e sem-sal. Esse é o pensamento que na realidade me tortura.

Psiquiatra: Então você acha que ela procurou especificamente uma pessoa comum e sem-sal? Uma pessoa que é tão especial que nem tem amigos na companhia escolheu outra pessoa que não é especial de modo algum?

Eu: Bom, não... Estou tentando ser o mais conscientemente honesta. Penso que muitas dessas questões se resolveriam com mais rapidez se eu fosse honesta, e, quanto mais gosto de uma pessoa, mais quero ser honesta com ela.

Psiquiatra: Não há medo quando você se mostra honesta?

Eu: Há, sim. É por isso que gosto de começar de cara sendo o mais honesta possível.

Psiquiatra: Isso é bom.

Eu: Ainda bem que você concorda. Disse isso para minha amiga também. Que sou uma pessoa muito comum e chata, e que tenho medo de que ela se desaponte quando perceber isso. Mas ela confessou que se sente comum também. Eu estava num curso de escrita criativa e trabalho numa editora, então vejo muita gente do meio artístico. Não me encaixo muito bem com essas pessoas. Sou comum demais, acho. Mas, mesmo quando conheço pessoas que não têm nada a ver com arte, sinto que sou uma ilha no oceano. Alguém que não é nem isso nem aquilo. Mas minha amiga disse que se sente assim também. Ela disse: "Eu amo arte, mas também gosto de assistir porcarias na TV". Ela disse que se sente como um Minotauro, meio humana, meio animal, alguém que não é artista, mas também não é exatamente convencional. Quando disse que tinha medo de perder contato com ela, ela disse que nós duas temos nossas vidas, e que seria impossível manter contato sempre, mas seria legal pensarmos um pouco uma na outra de tempos em tempos.

Psiquiatra: Isso soa perfeito. Não pense demais no futuro. Sua ansiedade pode se tornar um fardo para os outros.

Eu: Como minha amiga da universidade?

Psiquiatra: Poderia se tornar uma situação semelhante. Gostar de alguém e colocar essa pessoa em um pedestal pode levar à autopunição. Mesmo que a distância física entre duas pessoas diminua, a distância psicológica pode aumentar. Isso pode levar a sentimentos de inferioridade. Você pensa: "Essa pessoa vai tentar se distanciar de mim" e você a provoca, para confirmar se é verdade – seja perguntando diretamente a ela, seja indiretamente. É provável que sua amiga na universidade tenha se sentido incomodada com isso.

Eu: As pessoas conseguem perceber quando faço isso?

Psiquiatra: É uma possibilidade. Entendo essa sua necessidade de aprovação, mas acho que a forma como tenta obtê-la é um pouco... infantil?

Eu: Por que faço isso?

Psiquiatra: Pela gratificação instantânea. Eu acho que, em vez desses métodos, você poderia tentar encontrar mais satisfação em acalentar o fato de que encontrou alguém de quem gosta. Uma vez que comece a valorizar o tempo que têm juntas, é mesmo importante saber qual tipo de relacionamento é esse?

Eu: Tem razão. Mas como eu paro de me sentir comum e digna de piedade?

Psiquiatra: Isso é algo que realmente precisamos consertar?

Eu: Mas eu quero me amar.

Psiquiatra: Não acho que é um problema que precise ser resolvido. É uma questão de como você se vê. Quando conhece um artista, você vê o que o artista tem e que falta em você. Por que não mudar a perspectiva? Quando conhecê-lo, você pode pensar de outra forma: "Essa pessoa é uma artista, como deve ser cansativo para ela ser tão sensível". Ou: "Não consigo me conectar realmente com essa pessoa". Perspectivas diferentes criam reações diferentes. No momento, você está impondo a si mesma seus padrões das coisas e se torturando desnecessariamente.

Eu: Sinto mesmo que me torturo demais.

Psiquiatra: Chamar a si mesma de comum pode ser uma maneira de se proteger. É uma forma de dizer que não é inferior.

Eu: Isso é verdade. Acho que essas ideias ficaram mais fortes desde que encontrei minha amiga. Ela odeia a ideia de uma vida comum. E eu também, se parar para pensar nisso.

Psiquiatra: Mas você acha que o que considera comum é o mesmo que ela considera? Pode haver aspectos do "comum" que ambas considerem inconscientemente antiquados, mas deve haver uma diferença na concepção das duas. Você tem que parar de cair nessa armadilha binária de achar que é inteiramente comum ou inteiramente especial. "Bom" e "mau" não são as únicas formas de pensarmos em preto e branco.

Eu: Entendi. Eu gosto bastante de ser eu mesma. Mas apenas sob uma condição: preciso ter alguém que me ame. Alguém precisa querer saber como estou todo dia para eu me sentir feliz sozinha. Quando fiquei solteira por seis meses, tive um momento devastador quando acordei certa manhã e me dei conta de que ninguém se preocupava comigo nem me amava. Ainda penso naquele momento de tempos em tempos.

Psiquiatra: Se ficar ansiosa por atenção, alguém vai te dar atenção. Então você vai se sentir confortável e a outra pessoa também. Mas, depois disso, vai sentir desespero também. Apesar das suas intenções, vai começar a pensar: "Se eu estiver feliz, essa pessoa vai parar de me dar atenção", o que naturalmente vai resultar em você evitando ser feliz a todo custo. Essa pequena atenção vai aliviar um pouco da sua ansiedade no momento, mas, em uma perspectiva de longo prazo, é como comer porcaria: só vai acabar com sua saúde.

Eu: Minha nova amiga também me disse que eu deveria tentar ficar sozinha de tempos em tempos. Não depender tanto dos outros. Ela disse que teve um período em que ficou sozinha e acabou chegando ao ponto de não se importar se alguém a amava ou não, e ela ficou totalmente bem. Será que ficar sozinha pode mesmo me ajudar?

Psiquiatra: Se essa for sua única opção. Mas não precisa se concentrar nisso. Acho que o que está propondo agora é só mais uma medida extrema. Seu vazio e seu medo estão misturados, você pede ajuda para se defender de si mesma. Mas, se depender de outra pessoa para se ajudar, isso vai te satisfazer no momento, embora talvez não se sinta capaz de ficar de pé por conta própria depois. E vai perder o interesse por coisas ou prazeres novos.

Eu: Ah... Na nossa última sessão, você me pediu que pensasse no que meu "eu" de vinte anos pensaria do meu "eu" atual. Gostei muito disso. Algo em que pensei recentemente foi sobre como eu costumava adorar me prender a regras e regulamentos – quando, para ser honesta, não gosto de me encaixar em padrões de grupos e amigos. No segundo ano, uma menina chamada Eunkyoung tornou-se chefe de sala e queria mandar em todo mundo. Líder da matilha. Ela conseguiu fazer outra garota, Yoonjin, acompanhá-la no caminho de volta para casa todas as tardes. Eu perguntei a ela: "Por que você faz a Yoonjin ir com você para casa todo dia?", e ela me respondeu descaradamente: "A Yoonjin gosta disso". Então virei para Yoonjin e perguntei: "Gosta mesmo?", e ela respondeu com rapidez: "Sim". No outro dia, fui excluída de tudo. Eunkyoung me tratava como se eu fosse invisível quando falava com ela, e ficava cochichando com as outras meninas em vez de me responder. E nenhuma das meninas falava mais comigo. Por algum tempo, eu me esforcei para não me destacar nem dizer nada na hora errada, só para me encaixar no grupo. Mas mudei de ideia no ensino médio e, na época em que cheguei à faculdade, fiquei por conta própria. É o mesmo no trabalho agora. Sinto tanto orgulho de mim mesma por isso. Quero elogiar meu "eu" mais jovem, dizer a ele que tomou a decisão correta. Que eu pensei bastante, tomei uma decisão e fiz o que queria fazer.

Psiquiatra: Que bom que você fez o que queria fazer. Não acho que a decisão de estar sozinha é algo para se elogiar ou não por si só. Porque é uma questão de escolha pessoal. Mas, se ainda guarda a lembrança de estar feliz depois de ter feito essa escolha, isso é bom. É reconfortante. Você precisa continuar a encontrar os próprios meios de se reconfortar.

Eu: Está certo. Entendi.

UMA ILHA

"[...] preciso ter alguém que me ame. Alguém precisa querer saber como estou todo dia para eu me sentir feliz sozinha."

Quando você disse que se sentia tão confortável comigo, eu me senti patética por me sentir incomodada. Também queria me sentir confortável, me sentir segura, falar e rir, mas minhas palavras só se esmigalhavam em minha boca. Mesmo quando estava com você, eu era uma sombra. Uma coisa sombria, muito sombria, presa a seu lado, imitando seus movimentos.

"Isso é tão legal, é tão confortável", você ficava dizendo, e eu te invejava por isso. Queria rir, estar confortável no meu relacionamento com alguém, ser o tipo de pessoa que consegue se aproximar com facilidade de quem gosta.

5
A MALDITA AUTOESTIMA

Sou hipersensível. Essa é a palavra correta. Sou tão sensível que tento compensar sendo maldosa comigo mesma a respeito disso, como um animal acuado ao limite. Essa emoção contraditória e enfurecida dentro do meu corpo faz todo o meu senso de mim mesma se esmigalhar. Tornou-se um hábito me olhar no espelho depois de passar por um confronto desse tipo, para assimilar meu rosto queimando tanto que até minhas orelhas ficam vermelhas. Meu rosto fica com uma aparência patética e cansada durante esses momentos de conflito interior. Olhos injetados e desfocados, franja toda bagunçada, uma expressão sem graça e estúpida, como se eu não fizesse a menor ideia do que meu próprio cérebro está pensando. Pareço uma pessoa sem importância, uma pessoa invisível. Meu humor piora e o equilíbrio mental que construí com cuidado até aquele ponto desmorona por completo.

Psiquiatra: Como tem passado?

Eu: Estava bem e depois não tão bem assim por volta de quinta e sexta, e então fiquei bem de novo.

Psiquiatra: Por quê? O que aconteceu nesses dias?

Eu: Lembra aquela amiga sobre a qual te contei? Você disse que, quando eu demonstrava minha ansiedade para os outros, poderia estar colocando um fardo nas costas deles. Entendo isso do ponto de vista intelectual, mas, para mim, é tão difícil não recair nesse padrão. Sabe como beber me leva a uma honestidade excessiva? Estava tomando uma cerveja com minha amiga na quinta e contando para ela sobre a outra amiga que tive no último semestre da universidade. E acabei falando para ela sobre minha ansiedade, do mesmo jeito que fiz na nossa última sessão. Me arrependo tanto disso.

Psiquiatra: Como sua amiga reagiu?

Eu: Só com um: "Oh, entendi", sabe. Porque eu ficava me repetindo. Fiquei extremamente deprimida e arrependida mais tarde na mesma noite, mas na sexta logo fiquei bem. Sabe quando disse que, quando gosto de alguém, me convenço de que essa pessoa vai fazer pouco-caso de mim? E que era dependente da minha irmã mais velha, que também cuidava de mim? E que na maior parte das minhas amizades estive mais do lado de ser ajudada e apoiada do que no de ajudar e apoiar o outro? Mas essa amizade é a primeira na qual senti que poderia fazer qualquer coisa pela outra pessoa.

Psiquiatra: Você vê bastante de si nela?

Eu: Não exatamente. Ela é um pouco diferente. Não está acostumada a falar de seus sentimentos. Enquanto eu acho que sou boa em expressar os meus. Como me sinto, o que sinto, eu sou boa para articular essas coisas, mas ela não é assim. E ela mesma admite. Fiquei preocupada que ela fosse do tipo que reprime as emoções. Li algo sobre isso em um livro, que as emoções têm algo como uma passagem e, se ficar bloqueando as emoções negativas, vai acabar bloqueando as positivas também. Os túneis emocionais ficam bloqueados. Isso soou verdadeiro para mim. Falei isso para minha amiga. Mas daí ela ficou me mandando mensagens sobre assuntos banais, o que me irritou.

Psiquiatra: Você ficou irritada?

Eu: Sim.

Psiquiatra: Você não estava irritada com ela semana passada.

Eu: É verdade. Estava mais preocupada que ela fizesse pouco-caso de mim porque a estava tratando bem. É por isso que foi mais difícil na quinta. O motivo que me fez melhorar na sexta foi lembrar que tendo a distorcer demais meus pensamentos. Então disse a mim mesma: "Vamos pensar nisso de forma diferente!". E concluí que é assim que minha amiga é. Ela não é exatamente amigável do jeito convencional, mas estava mandando aquelas mensagens porque se sentia confortável comigo e gostava de mim, não porque fazia pouco-caso de mim. Outro pensamento que tive foi: "E, mesmo que ela estivesse fazendo pouco-caso e zombando de mim, e daí? Não é o fim do mundo".

Psiquiatra: Você acha que se sentiu mal porque falou da sua amiga da faculdade?

Eu: Realmente me arrependi de ter contado essa história na quinta e me puni por fazer as pessoas ficarem cansadas de mim. Mas minha amiga tratou o assunto de maneira tão casual no dia seguinte que me senti tranquilizada. Se ela tivesse me tratado com frieza, eu teria pensado: "Oh, é porque contei para ela aquela história no outro dia".

Psiquiatra: É estranho que você não tenha um meio-termo nisso.

Eu: Estou sempre pensando em extremos. Preto e branco.

Psiquiatra: Você teve medo de que ela fosse se cansar de você, mas parece que você se cansou dela.

Eu: Sim. Não estou acostumada a essas emoções contraditórias, por isso estou relatando a você agora. E lembra como eu te contei na nossa última sessão que minha sensação de ter sido "selecionada" poderia criar um senso de obrigação em mim? Não quis admitir naquela hora, mas acho que você estava certo. "Ela me escolheu, ela abriu o coração para mim, tenho que fazer o bem para ela". Eu ficava pensando nisso.

Psiquiatra: Não vivemos em um sistema de castas, ninguém tem o direito de selecionar ninguém para nada. É tudo um toma lá dá cá. Assim como nos seus relacionamentos amorosos, você alterna entre ser o que dá mais e o que recebe mais, não é?

Eu: Exato, e, por odiar tanto isso, sempre acabo ficando com quem gosta mais de mim.

Psiquiatra: Você está vendo uma falha na sua amiga, o que também é o motivo pelo qual se sente um pouco superior a ela. Se o comportamento dela foi menos que perfeito, você poderia pensar que deve haver um bom motivo para isso e deixar o assunto de lado, mas, pelo contrário, você tende a ir para o extremo, mesmo quando sabe que há formas diferentes de pensar a respeito. Acho que você tende a hierarquizar as situações e procurar os extremos em sua realidade. É por isso que seu comportamento muda conforme o comportamento do outro muda – para dar tanto quanto recebeu –, e isso se torna um fardo no longo prazo.

Eu: Tem razão. Acabo pensando: "Estou procurando uma relação genuína, mas e se minha amiga só está se sentindo sozinha e quer se escorar em mim? Será que ela não me considera uma muleta?". E, assim que esse pensamento me ocorre, digo a mim mesma: "Odeio isso!".

Psiquiatra: Essa ansiedade talvez tenha deixado sua amiga mais ansiosa. Porque a outra pessoa pode se espelhar em você, de modo subconsciente. É como um ímã. Quando você quer que se aproximem, eles se afastam, e, quando quer se afastar, eles se aproximam. Em geral, pensar em extremos bloqueia as nuances de uma relação. Você pode ter achado que ela estava sendo irritante, mas ter gostado da atenção dela mesmo assim.

Eu: Tem razão. Eu estava irritada com a atenção dela, mas também gostei. Que tipo de pervertida eu sou?

Psiquiatra: Por que se chamar de pervertida? Qualquer um pode se sentir irritado e feliz com atenção ao mesmo tempo. Apenas pense nisso como o modo menos efetivo de resguardar sua autoestima; tudo se resume a isso.

Eu: Então está tudo certo comigo?

Psiquiatra: Está, sim.

Eu: Sempre vivi em casas pequenas. Sabe quando dá para olhar de relance para a sacada de um apartamento e chutar quantos quartos ele tem? Tinha tanta vergonha que as pessoas soubessem disso. Mas depois fiquei envergonhada de mim mesma por ter vergonha disso – é por isso que, já adulta, eu costumava contar de cara para os meus amigos e as pessoas com quem me relacionava, fingindo estar de boa quanto ao assunto. Mas notava como minhas irmãs continuavam mentindo sobre nossa casa. Eu as questionei: "Por que ficam mentindo sobre si mesmas?". Elas responderam: "Bom, que diferença faz? Não *precisamos* sair por aí falando de propósito para as pessoas como somos pobres". Falavam como se isso não fosse nada para elas, enquanto eu me sentia muito culpada por mentir.

Psiquiatra: Mas suas irmãs não estão completamente erradas, estão? Se fazia com que elas se sentissem bem...

Eu: Oh.

Psiquiatra: Você fica se agarrando a esses padrões idealizados, forçando a si mesma a se encaixar neles. É uma das maneiras, entre tantas outras, de continuar se punindo.

Eu: Você acha que estou melhorando? Em sua opinião profissional.

Psiquiatra: Acho que está indo bem. Por que a pergunta?

Eu: Sinto que estou melhorando. Sinto-me melhor no trabalho.

Psiquiatra: E, além disso, você tem uma nova amiga irritante!

Eu: Estou irritada o tempo todo. Não importa com quem. E tenho tanta inveja das pessoas que pensam: "Quem se importa se essa pessoa não gosta de mim, e daí se ela me acha irritante?".

Psiquiatra: Você acha que todo comportamento se encaixa na categoria "Essa pessoa fez isso porque me odeia" ou "Essa pessoa fez isso porque gosta de mim"? Toda a questão de você não gostar do comportamento de sua amiga gira em torno de não gostar do *comportamento* dela, não de sua amiga como pessoa. Mas você já está interpretando o comportamento da sua amiga como rejeição.

Eu: Sou sempre assim. Qualquer reação pode me fazer pensar: "Oh, ela não deve gostar mais de mim".

Psiquiatra: Sua mente vai de imediato para a explicação mais extrema, em vez de parar para refletir sobre as diversas outras razões que sua amiga pode ter para fazer o que faz. Você fica aplicando os mesmos padrões extremos aos outros. De fato, são seus próprios pensamentos que estão te torturando.

Eu: Sim. Fico tendo pensamentos extremos, o que me leva a pensar que preciso procurar uma relação mais saudável.

Psiquiatra: Não existe bem absoluto quando se trata de relacionamentos. E é perfeitamente saudável ter desentendimentos com amigos e amantes de tempos em tempos. Só espero que aprenda a diferenciar as partes e o todo. Só porque você gosta de algo em uma pessoa, não quer dizer que precisa gostar de tudo nela. E só porque *não gosta* de algo em uma pessoa, não quer dizer que a pessoa como um todo não valha a pena para você. Acho que deveria tentar criar o hábito de pensar de forma diferente.

NÃO DEPENDER DA DEPENDÊNCIA

"[...] as emoções têm algo como uma passagem e, se ficar bloqueando as emoções negativas, vai acabar bloqueando as positivas também."

Acho que comecei a depender do meu psiquiatra. Até agora, ele foi um tipo de bem absoluto na minha vida: profissional e sempre pronto a dar soluções.

Quero me livrar de todas as emoções tediosas. Não quero fingir que sou especial (ainda que lembrar que se é especial é algo importante, de certo modo), mas quero ser feliz. Não quero que as emoções ou os comportamentos alheios dominem meu humor, ou que processos de pensamento me aprisionem em um mundo de extremos. Quero interromper todos esses comportamentos repetitivos que me deixam presa a regras e moldes. Quero ser dona da minha própria vida. Fazer tudo o que quiser, para não viver uma existência de arrependimentos.

Será que me forçar a emoções extremas me faz feliz? O que ganho ao me objetificar e aplicar padrões impossíveis a tudo o que me diz respeito? Às vezes, preciso racionalizar para me proteger. Esse desejo de me olhar "objetivamente" foi o motivo pelo qual mantive uma arma apontada para minha cabeça por tanto tempo. O que preciso pôr em prática de agora em diante é parar de cair na armadilha de fórmulas como "é isso que preciso fazer" e simplesmente reconhecer o fato de que sou um indivíduo independente.

6
O QUE DEVO FAZER PARA ME CONHECER MELHOR?

Psiquiatra: Como tem passado?

Eu: Estou muito bem.

Psiquiatra: Você se sentiu sonolenta durante o dia?

Eu: Me senti, sim, mas dormi bem de noite. Acordei duas ou três vezes, mas dormi dez horas. Porém, se por um lado eu me sinto bem quando estou bêbada, por outro continuo sentindo falta do meu ex quando acordo. Por que é assim?

Psiquiatra: Essa pessoa te ligou?

Eu: Não.

Psiquiatra: Seria estranho se nunca, jamais, pensasse nessa pessoa. Porque vocês *foram* felizes em algum momento. Não acho que seja estranho sentir falta dela.

Eu: Mas as pessoas não são mais sinceras quando estão bêbadas?

Psiquiatra: Você não precisa se apegar tanto a esse fato. Realmente ficamos mais corajosos e compulsivos quando bebemos, mas às vezes outra personalidade emerge.

Eu: (Ouço o barulho súbito de chuva.) Acho que está chovendo lá fora. Minha nova amiga está mesmo me influenciando. Sabe quando se aproxima de alguém e quer compartilhar os interesses dessa pessoa? Andei lendo os livros de que ela gosta e ouvindo suas músicas preferidas, e tem sido muito bom conhecer novos livros e músicas. E vou fazer uma aula de escrita ficcional com um autor que admiro, começando semana que vem.

Psiquiatra: Você vai sozinha?

Eu: Sim, e também fui aceita como escritora na plataforma Brunch, onde havia sido rejeitada antes. Então é uma coisa bem legal que aconteceu, e vou escrever resenhas de livros lá uma vez por semana com minha amiga (acabamos escrevendo apenas uma). Não escrevi nada de ficção durante dois anos, mas fiz um rascunho de um conto, e me senti bem. Fiz o rascunho pensando: "Vou ser o mais honesta possível comigo mesma".

Psiquiatra: Usar a imaginação ajuda de verdade, de várias formas. Diminui as compulsões na vida diária e há um elemento de satisfação terceirizada nisso. E seus planos de fazer uma tatuagem?

Eu: Vou fazer uma hoje.

Psiquiatra: Com quem você vai?

Eu: Com uma pessoa que nunca encontrei antes. Eu escrevo num blog, é só um espaço onde posso registrar meus sentimentos de tempos em tempos, e tem algumas pessoas que gostam das minhas postagens. Então entrei em contato e comentei nos *posts* delas também. Não que eu estivesse tentando me tornar amiga delas ou tivesse a intenção de compartilhar minha vida. Mas, quando comecei a escrever sobre minhas sessões de terapia, alguém começou a postar comentários encorajadores. Uma vez escrevi que estava me sentindo muito deprimida naquele dia e a pessoa que costumava comentar me mandou uma mensagem privada, dizendo que estava torcendo para que eu aguentasse firme e que ela me pagaria um jantar legal. Não sei por que, mas acabei respondendo: "Te vejo no sábado, então". Vou me encontrar com essa pessoa hoje à noite.

Psiquiatra: Está com medo?

Eu: Não mais. Acho que é porque já estamos nos comunicando de certa forma, então não estou mais nervosa. Em geral, eu teria medo de que fosse alguém envolvido com tráfico humano ou algo assim. Mas, estranhamente, não me sinto assustada desta vez.

Psiquiatra: Escrever pode ser uma forma profunda de comunicação e compreensão mútuas, mas você precisa ter cuidado. Contudo, desde que seja uma decisão sua, está tudo certo.

Eu: Algum tempo atrás eu provavelmente teria pensado: "Encontrar alguém que conheci na internet? Que horror!". Agora não parece algo tão estranho assim. Mas vou deixar minha amiga de sobreaviso para ligar à polícia caso não tenha notícias minhas depois de uma hora.

Psiquiatra: Você e essa outra pessoa trocaram números?

Eu: Trocamos, sim.

Psiquiatra: Você poderia passar esse número para sua amiga. Sente-se desapontada com o fato de seu ex não te ligar mais?

Eu: Desapontada, não. Mas fico me perguntando se devo ligar para ele depois que passar um tempo. Se estava falando sério sobre nos separarmos. Espero que não seja essa a forma como ele gostaria de deixar as coisas. Nossos últimos momentos foram patéticos.

Psiquiatra: Por que você precisa de tempo?

Eu: Para que a raiva passe, algo do tipo. O mais triste é que eu não estava fazendo pouco-caso dele, embora ele pense que sim. Estou preocupada que ele deixe esse desentendimento perturbá-lo por anos.

Psiquiatra: Seja como for, querer um desfecho adequado é, em geral, uma boa ideia. Porém, acima de tudo, espero que essa seja uma oportunidade para você romper com seu antigo jeito de pensar – aquele jeito de "este é o tipo de pessoa com a qual eu deveria sair" –, e que observe tipos diferentes de pessoas. Por exemplo, algumas perdem o primeiro amor e pensam: "Nunca mais vou encontrar alguém como ele", mas, depois de algum tempo, uma nova pessoa ocupa esse lugar. Pense em si mesma como se estivesse entrando num mar de mudanças na vida e faça escolhas que nunca fez antes – tente entrar em situações, mesmo naquelas que você sabe que terminarão em fracasso, apenas para experimentar o fracasso.

Eu: Concordo. Oh, e meus amigos gostam muito mais de mim agora. Eles dizem que pareço mais iluminada.

Psiquiatra: É claro que a forma como se sente quanto a si mesma é muito mais importante do que os seus amigos pensam de você.

Eu: É que sou tão sem-sal... Esta foi uma boa semana. Gostei de mim mesma. Gostei de ter voltado a escrever, de ter me inscrito em algumas aulas – tive um grau de satisfação elevado comigo mesma.

Psiquiatra: Espero que dê tudo certo com a tatuagem também.

Eu: Vai dar. Como disse antes, há tantas coisas boas no mundo, mas sempre procuro pelas ruins.

Por exemplo, acabei de levar um pé na bunda. Me peguei pensando que ele não gostava de mim, mas depois li algo que me lembrou de que o amor vem em formas diferentes, e que eu não deveria julgar o amor de alguém pelos meus padrões, o que me levou a pensar: "Tudo bem, ele também tem os próprios pensamentos, pode haver outra explicação". Então senti que estava racionalizando e me obriguei a parar.

Psiquiatra: Qual é o problema de racionalizar?

Eu: Parece que estou me recusando a aceitar a verdade.

Psiquiatra: É um mecanismo perfeitamente razoável. É quando você tenta encontrar razões para suas feridas ou decisões.

Eu: Então tudo bem se eu usar isso para me proteger?

Psiquiatra: Claro. Você está fazendo um julgamento racional. É um problema quando exagera, mas há vários modos de encarar isso de forma positiva.

Eu: Uma amiga estava me contando sobre seus namoros e, depois que a ouvi, falei: "Ei, isso aí não é namoro, e sim enrolação!". Mas minha amiga ficou completamente impassiva diante da minha resposta. Ela disse: "Não, você só não entende a maneira como nos relacionamos". Eu queria ter essa postura também. Sempre dependi do julgamento dos outros e me apoiava no padrão deles.

Psiquiatra: Primeiro, você precisa se conhecer melhor.

Eu: Certo. Eu não me conheço de verdade.

Psiquiatra: Exatamente.

Eu: O que deveria fazer para me conhecer?

Psiquiatra: Muitas pessoas acham que são as maiores especialistas em si mesmas, mas você deve ser mais cética. Precisa perguntar a si mesma: "Eu me conheço bem mesmo? Será que não estou tocando a perna de um elefante no escuro e pensando que é o tronco de uma árvore?".

Eu: O que devo desejar, então?

Psiquiatra: Ver tudo em três dimensões.

Eu: Você está certo, absolutamente certo. Acho que, quando você olha uma pessoa pelo máximo de ângulos possíveis, para de sentir aversão por ela. Já pensei que deveria ser mais assim.

Psiquiatra: Os contos de fadas que lemos quando somos crianças são bem unidimensionais. Há pessoas boas e pessoas ruins nessas histórias. Mas, nos livros de gente grande, fica mais difícil dividir os personagens em absolutamente bons e absolutamente ruins. Espero que aprenda a olhar para uma pessoa como um todo antes de julgá-la. E a olhar pra si mesma como um indivíduo completo também.

Eu: Fazer anotações ajuda?

Psiquiatra: Ajuda. Acho que esse é um experimento que você pode pôr em ação imediatamente, o que é outro bom hábito para se desenvolver. Quando você diz que vai fazer uma tatuagem hoje, escreva seus sentimentos antes e depois de fazê-la. Uma vez que fizer isso, vai achar um elemento em comum aí. "Sob alguns aspectos, sinto medo. Sob estes outros, sinto alívio." Esse tipo de coisa. Dessa forma, escrever pode ser uma maneira de se encarar tridimensionalmente.

"EU", O SER

"Qual é o problema de racionalizar? [...] É um mecanismo perfeitamente razoável. É quando você tenta encontrar razões para suas feridas ou decisões."

Olhar para as profundezas de mim mesma é sempre difícil. Particularmente quando estou passando pelos perrengues das emoções negativas. Como poderia descrever isso? É como se eu soubesse que está tudo bem, mas não conseguisse me impedir de verificar a todo momento se tudo está bem *de verdade*, e, nesse processo, ficasse infeliz. Hoje foi assim. Só tive vontade de me queixar. E de colocar a cabeça no ombro de alguém e ficar triste. Para mim, a tristeza é o caminho que apresenta menos resistência, a emoção mais familiar e mais ao alcance da mão que tenho. Um hábito que se incrustou no meu cotidiano.

As coisas vão melhorar com o tempo. Ou não; tudo é dinâmico, o que significa que a vida vai ter momentos de muita felicidade, assim como momentos ruins, indo e vindo como ondas no mar. Se estou triste hoje, estarei feliz amanhã; e, se estou feliz hoje, estarei triste amanhã – e tudo bem. Desde que continue me amando.

Sou uma pessoa completamente única neste mundo, alguém de quem devo cuidar para o resto da vida e, portanto, alguém que devo ajudar a dar cada passo para a frente, com afeto e paciência, para me permitir descansar em alguns dias e me encorajar em outros – acredito que, quanto mais eu olhar para dentro deste ser estranho, eu mesma, mais rotas encontrarei para a felicidade.

7

DISPOR, JULGAR, FICAR DESAPONTADA, CAIR FORA

Psiquiatra: Como tem passado?

Eu: Nada bem. Sabe aquela amiga sobre quem tenho falado? Fiquei sensível demais aos sentimentos dela. Acabei permitindo que ela tenha influência extrema no meu humor. Emprestei um livro para ela e fiquei com medo de que ela zombaria do meu gosto se não gostasse dele.

Psiquiatra: Ela não gostou do livro?

Eu: Ela me mandou uma mensagem contando o que achou dele. Foi uma opinião meio negativa, eu acho. Quer dizer, mesmo que tenha sido negativa, ela estava criticando o livro, não a mim, mas senti como se ela estivesse atacando tanto o livro quanto a mim. Antes que pudesse me segurar, mandei uma mensagem dizendo: "Você é arrogante e cansativa", o que levou a uma resposta ainda mais sórdida. Fiquei magoada e parei de ler as mensagens dela.

Psiquiatra: E como você se sentiu?

Eu: Me concentrei mais no fato de ter encontrado outra pessoa que fazia pouco-caso de mim do que no fato de ter perdido uma amiga. Foi deprimente, e fiquei tão irritada. Odiei ter sido tão facilmente afetada, e fiquei com ódio dela também.

Psiquiatra: Seu maior problema continua sendo esse pensamento em preto e branco.

Eu: Preto e branco?

Psiquiatra: Sim. Você se encurralou em um canto e se forçou a escolher entre preto e branco. Entre ver a pessoa ou não, entre ser a melhor amiga ou nunca mais olhar na cara dela. Você atura ou surta. As únicas escolhas que tem são sim e não, e não há espaço para meios-termos. Acho que, com essa amiga, você pensou que tinha uma "amizade especial", e foi por esse motivo que tentou aturar e continuar. Mas ficou exausta de sustentar essa farsa.

Eu: Você tem razão. A princípio, pensei que eu e ela tínhamos um monte de coisa em comum, mas somos bem diferentes; é por isso que vivíamos discutindo. Quando ela dizia algo de que eu discordava, sentia como se fosse um ataque pessoal e isso me magoava. Então, para não ficar chateada com ela, ou eu me obrigava a me encaixar no jeito dela de ser, ou não dava mais atenção para ela. Poderia ter sido mais franca, ou mantido um clima de leve decepção...

Psiquiatra: Há muitos tons de cinza, mas acho que mesmo aí você pensa que existe apenas um tom de cinza. Um espectro contém muitas cores e tons, mas você não vê assim.

Eu: Estou tão envergonhada. Fico falando para mim mesma que as pessoas têm três dimensões, mas continuo pensando nelas de forma rasa – é por isso que, quando olho para certas pessoas, eu as julgo assim e assado, e as corto da minha vida.

Psiquiatra: Pense desta forma: você pode gostar dos livros de um escritor, mas, quando se decepciona ao encontrá-lo na vida real, joga os livros dele fora.

Eu: Uau, isso é verdade. Quando esse encontro é só um pedacinho dessa pessoa.

Psiquiatra: Esse problema não se restringe aos outros. Seu problema bem real é que você usa essa mesma régua de julgamento consigo mesma. Por exemplo, quando você se censura depois de uma noite de bebedeira.

Eu: Fico pensando que, se eu revelar uma parte vulnerável de mim mesma, as pessoas vão odiar o que verão, e vão me abandonar. Mas conheço tantos aspectos da vida das pessoas que eu amo. As partes boas, as partes ruins, as partes sensíveis... Mesmo que tenham partes negativas, eu gosto delas, porque isso as torna humanas. Só que, quando se trata de mim mesma, acho que o defeitozinho mais minúsculo fará os outros me abandonarem.

Psiquiatra: É sua autoestima. Se tivesse autoestima elevada e certeza de seus gostos, não se importaria se as pessoas te criticassem ou zombassem de você.

Eu: Verdade. Dá para acreditar que confio tão pouco no meu taco a ponto de me preocupar com coisas assim? Como se um julgamento desses a meu respeito fosse inquestionável. Sem dúvida, tenho baixa autoestima e é por isso que sou exageradamente sensível ao que minha amiga pensa. E, como não tenho os dois pés fincados na confiança, interpreto cada palavra dirigida a mim como um ataque, e vejo as situações como certas ou erradas, embora haja várias outras formas de encará-las.

Psiquiatra: Aconteceu mais alguma coisa?

Eu: Percebi outra coisa a meu respeito. Para mim, afeição e influência têm o mesmo peso. Como minhas raízes são tão fracas e superficiais, só me sinto segura quando tenho influência sobre os outros. É por isso que, quando alguém é sensível aos meus sentimentos, acredito que essa pessoa realmente me ama e nosso relacionamento é forte. Mas um relacionamento forte e um relacionamento emaranhado são coisas diferentes, e, enquanto minha cabeça entende que um bom relacionamento envolve duas pessoas com um claro senso de individualidade trabalhando juntas em equipe, meu coração sente que, se a outra pessoa parecer muito independente de mim – como quando a pessoa não parece profundamente tocada por cada uma das minhas palavras, não tenta seguir estritamente os meus padrões de comportamento, não muda de acordo com minhas diretivas ou não segue meus exemplos –, deve ter algo errado comigo. (Sou tão esquisita!)

Psiquiatra: É esse comportamento que alimenta seu desejo de aprovação. Quanto mais desejar ser influenciada, mais vai tentar influenciar os outros e, quanto menos alguém reage a seus esforços, mais esforço você faz. E aí você fica exausta. É só mais um esforço extremo, outra forma de criar limites para si mesma. A ideia de que alguém te ama só quando é influenciada por você – isso é, em si, uma postura extrema.

Eu: O que posso fazer a respeito disso?

Psiquiatra: Concentrar-se mais em si mesma. Especificamente, escrever o que gosta de fato e também escrever sobre as diferenças entre como se vê e como os outros te veem. Também seria uma boa ideia fazer um inventário das coisas que você preferiria fazer sob o olhar imaginário dos outros.

Eu: Mas eu sempre faço o que quero.

Psiquiatra: Será que você se comporta mesmo de maneira igual a todo mundo?

Eu: Não. Acho que mudei um pouco meu comportamento com aquela amiga. Não sei por que fiz isso. Eu ficava me comportando de uma maneira que não era a minha e, quando tentei não agir assim, senti que estava sendo grossa.

Psiquiatra: E se a grosseria for um modo de se expressar? Ter controle e responsabilidade pelas suas ações em vez de se importar tanto com o que a outra pessoa pensa. Neste momento, seu relacionamento é estreito, como um triângulo, e ele fura seu coração, mas pelo menos um dodecaedro está mais perto de um círculo que um octógono, não é verdade? Quanto mais relacionamentos variados e profundos você tiver, mais redonda sua mente será, e menos as pontas vão te furar. Você vai ficar bem.

Eu: (Com lágrimas de felicidade.) Sim. Obrigada.

A VERDADE SOBRE AQUELE DIA E A VERDADE SOBRE A VIDA

"Para dizer a verdade, ninguém estava fazendo pouco-caso de mim, exceto eu mesma."

O fato de que seres humanos são tridimensionais é provavelmente minha frase favorita. Mas também é provavelmente a última coisa de que vou me lembrar em um momento ruim. Todo mundo tem múltiplos lados, felicidade e infelicidade coexistem e tudo é relativo. Para falar a verdade, ninguém estava fazendo pouco-caso de mim, exceto eu mesma. Quando li de novo as mensagens da minha amiga naquele dia, caiu a ficha de que o comentário dela era algo que eu poderia ter apenas ignorado. Mas, por presumir que ela fazia pouco-caso de mim, a mensagem pareceu ter outro significado. É por isso que a provoquei com uma resposta áspera. Queria obter dela uma reação forte. Fiz isso para colocar um fim no relacionamento.

Espero que as pessoas que terminam relacionamentos por sentirem que estão fazendo pouco-caso delas, pessoas que tendem a pensar de forma extrema como eu, leiam isso. Nós somos multifacetados. É só isso. Não podemos continuar num relacionamento ou terminá-lo só por causa de uma coisa. Entendo isso na minha cabeça, mas meu coração tem mais dificuldade de reconhecer essa verdade. A infelicidade sobe à superfície como óleo, enquanto a felicidade afunda. Mas o recipiente que contém os dois é o que chamamos de vida, e é nisso que encontro consolo e alegria. Estou triste, mas estou viva, e vivendo para além disso. Esse é meu consolo e minha alegria.

8
EFEITOS COLATERAIS DA MEDICAÇÃO

Eu costumava amar ficar sozinha. Deitar na minha cama enquanto lia ou ficar devaneando, fazer caminhadas, ouvir música no ônibus ou no metrô, tirar uma soneca, todos esses eram meus momentos favoritos do dia. Mas, nas últimas duas semanas, fui inundada por um estranho sentimento chamado "tédio".

Nunca tinha sofrido de tédio no escritório. Mal conseguindo me concentrar em algo, me vi incapaz de sequer ficar sentada lá por mais de um minuto. No fim, saí mais cedo na tarde de sexta. Mas, mesmo sentada em casa naquela tarde, me senti ansiosa para além da conta e não conseguia suportar o tédio. Foi então que pensei se não poderia ser efeito colateral da minha medicação, e fui para o consultório, onde minhas suspeitas se confirmaram. O diagnóstico me deixou quase desolada: minha medicação tinha me deixado com acatisia.

Acatisia é a incapacidade de permanecer sentado e quieto. Você percebe que está toda hora levantando ou agitado, ou andando de lá para cá – é um efeito colateral ocasional em pessoas que tomam tranquilizantes.

Eu: É possível desenvolver tolerância à medicação?

Psiquiatra: Há remédios para os quais desenvolvemos tolerância, sim.

Eu: Quando eu começaria a perceber isso? Normalmente, quando tomo o comprimido, me sinto mais calma, mais relaxada, mas agora me sinto tão tensa. A tensão se manifesta como tédio. Não me concentro no trabalho já faz um mês e, se não achar algo para fazer, sinto que vou morrer de tédio. Mesmo na meia hora que levo no ônibus. Isso é efeito colateral?

Psiquiatra: De fato, é, sim. Acho que é porque aumentamos a dose da última vez. Então você acha difícil ficar sentada e quieta?

Eu: É muito difícil. Tão, tão, tão difícil.

Psiquiatra: Você deveria ter me ligado!

Eu: Pensei que meu trabalho andava insuportável e por isso tinha ficado tão sensível ao tédio, só depois percebi de repente que poderia ser um efeito colateral.

Psiquiatra: Acho que é porque o comprimido que você costumava tomar só pela metade aumentou para um inteiro.

Eu: Me sinto péssima.

Psiquiatra: Como está seu sono?

Eu: Se não tomo o comprimido para dormir ou bebo álcool antes, a tensão e o tédio me impedem de cair no sono. Depois, quando acordo com facilidade no meio da noite, é tão frustrante que sinto que vou enlouquecer. Ficar bêbada ajuda.

Psiquiatra: O álcool pode mitigar os efeitos desse remédio em particular...

Eu: Cheguei a pensar que estava viciada em álcool e remédio.

Psiquiatra: Deve ter sido bem ruim.

Eu: Foi sim. É uma sensação diferente da depressão. Parece que estou lenta para perceber as coisas. E, desde que comecei a tomar a medicação, sou incapaz de tirar uma soneca. E se consigo dormir um pouco, meu sono é tão leve que não sei dizer se é realidade ou sonho.

Psiquiatra: Deixa eu te dar um comprimido agora. Como tem sido seu estado emocionalmente?

Eu: Excessivamente sensível.

Psiquiatra: Era inevitável. Conseguiu espremer algum exercício na rotina?

Eu: Não consegui. Só comecei a caminhar de casa para o trabalho. Isso me deu um pouco de alívio. Mesmo quando estava no escritório, ficava saindo. Por que não me disse que havia esses efeitos colaterais?

Psiquiatra: Bom, você já estava tomando a pílula. Nós aumentamos um pouco a dose, o que não costuma trazer efeitos colaterais. Você também recebeu a prescrição de medicações para a manhã e a noite, que deveriam mitigar os efeitos colaterais. Você se sentiu melhor com o comprimido da manhã?

Eu: Me senti. Mas estava sonolenta. Foi uma situação bem difícil. No meu diário, cheguei a escrever coisas como: "Estou nervosa e ansiosa, e não aguento mais".

Psiquiatra: Qual você acha que era o motivo?

Eu: A princípio, pensei que estava me tornando uma pessoa ativa. Mas mesmo quando ansiava em ficar um pouco sozinha, eu me sentia apenas momentaneamente feliz e, depois, o tédio continuava. Sentia que estava no meu limite e que meus relacionamentos com outras pessoas estavam se deteriorando.

Psiquiatra: Você não se sente bem, é por isso que está no limite. Aumentei sua dose duas semanas atrás para evitar que recaísse na velha rotina de pensamentos negativos. Não previ que seu corpo reagiria assim.

Eu: Existe alguma forma de reequilibrar isso?

Psiquiatra: Com certeza.

Eu: Se eu não tomo minha medicação, logo me sinto ansiosa, o que me deixa preocupada com a possibilidade de ter que tomar comprimidos para o resto da vida.

Psiquiatra: Faz três meses que você começou a tomar esses comprimidos. Normalmente, o tempo do tratamento depende dos sintomas, mas, quanto menor o tempo no qual esteve em sua condição, menor o período de tratamento. Acho que precisa se preparar para uma jornada longa.

Eu: Tudo bem. Sinto que falamos sobre o mesmo problema o tempo todo. E você sempre me dá as mesmas respostas. E eu não mudo, é por isso que os mesmos problemas ficam voltando.

Psiquiatra: O que você acabou de dizer é muito importante. São todos comportamentos dos quais você não tinha consciência até bem pouco tempo atrás, e perceber que faz sempre as mesmas escolhas, de novo e de novo, é prova, por si só, de que está melhorando.

Eu: É tudo porque não tenho meio-termo e fico pensando em preto e branco. É por isso que eu queria fazer uma escolha de meio-termo. Não queria terminar o relacionamento com minha amiga de forma tão destrutiva, então contei tudo para ela. Que achei que ela estava fazendo pouco-caso de mim, e que estou acostumada a viver tão nos extremos, que pensei que a única atitude possível naquela situação era ou tentar entendê-la ou acabar com a amizade. Uma vez que me abri com ela, me senti muito melhor por dentro, e minha amiga foi bastante compreensiva.

Psiquiatra: Que bom. Esse pode ser um tipo de relacionamento que você nunca teve antes. Esse tipo de comportamento aumenta sua liberdade e divide suas responsabilidades com os outros. Deveria estar bem orgulhosa por ter conversado com ela e se expressado em palavras. E acho que esse incidente com ela e alguns desses sentimentos recentes podem tranquilamente ser considerados efeitos colaterais da medicação.

Eu: Me sinto aliviada. Não conseguia trabalhar de jeito nenhum esses dias. Foi um efeito colateral realmente negativo!

Psiquiatra: No jargão profissional, é chamado de acatisia: a incapacidade de ficar sentado e quieto.

Eu: Incapacidade de ficar sentado e quieto! Que engraçado. E esse tempo todo eu só pensava que não deveria ficar sentada sem fazer nada; ficava me ocupando com qualquer tipo de tarefa. Sou da área de marketing, mas quero me mudar para o editorial, então comecei a ter aulas de editoração.

Psiquiatra: Isso dá muito trabalho?

Eu: Dá, sim. Acho que a razão pela qual consegui passar por isso foi porque eu bebia um pouco antes das aulas. Mas com certeza me divirto com a elaboração de livros. Escrevi três páginas de um projeto de livro e gostei bastante disso. Também estou planejando escrever um livro. São coisas que me deixam um pouco melhor.

Psiquiatra: Será que o seu desejo de fazer uma tatuagem também não foi um efeito colateral do remédio?

Eu: Não tenho certeza. Já fazia algum tempo que isso estava nos meus planos, mas teve um pouco de "Vamos acabar com isso de uma vez" quando cheguei lá.

Psiquiatra: Você só fez uma tatuagem no braço?

Eu: Sim.

Psiquiatra: Eu gostaria de fazer uma pergunta: recentemente, quando quer saber se seu amor é correspondido, como aborda essa questão?

Eu: Eu digo que me sinto ansiosa. Digo: "Você gosta de mim?" ou "Não sei se você gosta de mim, estou ansiosa". Algo do tipo.

Psiquiatra: Pelo menos você está se expressando. Acho que a medicação teve um efeito profundo na condição de sua mente e de seu corpo.

SIGNIFICATIVO, MESMO QUE DE UM JEITO SUTIL

"São todos comportamentos dos quais você não tinha consciência até bem pouco tempo atrás, e perceber que faz sempre as mesmas escolhas, de novo e de novo, é prova, por si só, de que está melhorando."

Sempre considerei a dor ou o incômodo como se eu estivesse sendo um estorvo. Censurava minha própria dor. Apesar do meu desconforto, eu me importava mais com a impressão que passava aos outros. Odiava dar a impressão de estar me queixando de algo que era mais ou menos suportável. Tinha vergonha da minha dor. Foi por isso que demorei tanto para reconhecer os efeitos colaterais do remédio.

Sempre me considero infeliz, e sei que essa é uma forma de autopiedade, mas hoje quero me consolar. Sou sempre o alvo da minha própria crítica – não digo que estou magoada quando estou, só admito que algo está errado quando minha mente e meu corpo gritam comigo de diferentes maneiras, e me culpo por estar magoada, para começo de conversa. Mesmo quando me entrego aos outros, o faço deliberadamente para ser apunhalada no coração. Isso quer dizer que, quanto mais eu magoo os outros, maiores se tornam minhas feridas. Mas estou tentando criar um meio-termo no meu mundo, e percebo algumas maneiras que os efeitos colaterais se manifestam no meu comportamento, de modo que poderia considerar a última semana bastante significativa.

9

OBSESSÃO COM A APARÊNCIA E TRANSTORNO DE PERSONALIDADE HISTRIÔNICA

Psiquiatra: Como foi sua semana?

Eu: Melhor. (Os efeitos colaterais diminuíram.)

Psiquiatra: Qual tem sido sua reação às pessoas em seu entorno?

Eu: Na semana passada, falei bastante com meus colegas sobre desistir. Quando contei para minha amiga sobre os efeitos colaterais, ela me disse que pensou que eu estava tendo problemas no trabalho ou algo assim. Perguntei para meu novo namorado: "Tenho sido exageradamente sensível nos últimos dias?", e ele me disse que não, o que me deixou feliz.

Psiquiatra: E isso quer dizer que você não se sentia feliz na semana anterior.

Eu: Estava bem ruim. Mas ainda continuo entediada no trabalho.

Psiquiatra: Aconteceu algo em especial?

Eu: Não exatamente. Na verdade, queria conversar com você a respeito de algo que nunca falei a ninguém. Você deve pensar que não é nada, mas tenho um complexo de inferioridade gigantesco a respeito disso. Você sabe como tenho baixa autoestima. Penso que esse é o motivo pelo qual me importo tanto com a impressão que passo para os outros. Isso é muito constrangedor, mas sou completamente obcecada pela minha aparência. Odeio meu rosto. Por exemplo, não suporto encontrar os amigos do meu namorado porque tenho receio de que vão me achar feia.

Psiquiatra: E você também age assim em relação à aparência de outras pessoas?

Eu: Você quer saber se eu julgo a aparência das outras pessoas?

Psiquiatra: Sim.

Eu: Sim, julgo. Porque meu rosto também é julgado demais.

Psiquiatra: O que quer dizer exatamente quando diz que é julgada? Como se sente?

Eu: Sei que soa estranho, mas sinto como se fosse algo sendo feito comigo. Como a violência. Posso ignorar, mas as palavras me magoam profundamente. É por isso que não quero falar de aparência com ninguém. Sei que soa um pouco confuso agora, mas é porque acho muito difícil ser franca a esse respeito, então vou dizer como me sinto de uma vez. As mulheres me dizem com frequência que sou bonita, mas não os homens. Não sou popular com eles. Por exemplo, as mulheres me apresentam dizendo algo do tipo: "Sehee é a menina mais bonita da nossa companhia", e eu odeio tanto isso. Porque coloca o meu rosto sob avaliação alheia. No verão passado, fui visitar uma amiga e um amigo dela, e ela me apresentou a ele como a menina mais bonita da nossa editora. Então eu lhe disse: "Precisava dizer isso?! Nem é verdade!" E minha amiga respondeu: "Por que eu não diria? É só minha opinião", e mudou de assunto. Mas o homem realmente me deixou constrangida. "Dizem que você é a menina mais bonita na sua companhia?" Como se estivesse tirando sarro de mim.

Psiquiatra: Você sentiu que ele estava debochando de você?

Eu: Foi assim que me senti. Ele acrescentou: "Você não faz meu tipo". Fiquei bem irritada. Esse é o tipo de coisa que acontece comigo. O que me faz pensar: será que eu não tenho o tipo de rosto do qual os homens gostam? Isso é difícil de aceitar, o que eu odeio, pois me deixa sensível ao assunto, o que me dispara um complexo de inferioridade imenso. Entende o que quero dizer?

Psiquiatra: Entendo.

Eu: Então por que está me olhando desse jeito? (Perceba como estou me tornando mais ríspida.)

Psiquiatra: Apenas parece um pouco confuso.

Eu: Meu parceiro me diz que sou a mulher ideal para ele. O que significa que ele me acha bonita. É por isso que fica falando de mim para os amigos, o que me deixa cada vez mais hesitante em conhecê-los. Ontem, levei meu cachorro para passear e passei na casa dele. Ele mora com dois amigos da faculdade. Pensei que não ia ter mais ninguém na casa, mas os dois colegas dele estavam lá. Eu estava sem maquiagem, meu coração estava martelando, e eu não conseguia olhar nos olhos deles. Por isso, só disse oi e saí correndo o mais rápido que pude. Mandei uma mensagem para ele: "Eu me senti com vergonha de repente, tinha tanta gente aí", e ele respondeu: "Claro, você foi pega de surpresa, eu deveria ter tido mais consideração", e me senti bastante constrangida com toda essa história.

Psiquiatra: Você sente que precisa satisfazer as expectativas de todo mundo a respeito de sua aparência.

Eu: Isso seria impossível, cada um tem sua ideia do que é a beleza. Sei disso na minha mente, só não consigo sentir. Você não faz ideia de quanto me critiquei por causa desse problema. Nem mesmo as celebridades podem satisfazer todo mundo. Então, o que eu tenho de tão especial para todo mundo precisar dizer que sou bonita? Sei que isso não faz sentido, e odeio tanto esse assunto, mas, aparentemente, não consigo resolvê-lo.

Psiquiatra: O que você acha da sua aparência? Acabou de me dizer que as mulheres dizem que você é bonita, mas que não é popular com os homens. Está dizendo que vê a si mesma da perspectiva dos homens?

Eu: Sim. É a razão pela qual odeio meu rosto.

Psiquiatra: A ponto de pensar em fazer cirurgia?

Eu: Eu queria consertar meu nariz e fazer bichectomia.

Psiquiatra: Você chegou a ir a uma consulta para isso?

Eu: Sim. Com um cirurgião plástico e tudo.

Psiquiatra: O que te impediu de prosseguir?

Eu: Pensei: "Isso tudo é necessário mesmo? Não posso aceitar e amar meu rosto do jeito que é?".

Psiquiatra: Você já pensou alguma vez: "É bonito o suficiente do jeito que está"?

Eu: Às vezes penso, mas na maior parte do tempo, não. E estou em um grupo de escrita com meus amigos. Eles não são pessoas para as quais eu precise parecer bonita. É por isso que me sinto bastante confortável com eles e não fico envergonhada quando estamos juntos, mas, do nada, tive um grande surto de insegurança quando dois homens do grupo pareceram tratar uma das minhas amigas melhor que o restante. Ela é uma garota bem popular, o que me fez pensar: "Os dois devem mesmo gostar dela. Mas por que não gostam de mim? Devo ser bem repulsiva e horrenda". Me senti tão mal que fiquei deprimida a sessão inteira. (Uau, isso é bem doloroso de escrever. Pareço mesmo uma pessoa maluca aqui.) Eu me odiei por pensar desse jeito.

Outra coisa estranha é que, se estou em algum grupo novo de pessoas, sinto que vou surtar se ninguém me der atenção. Em vez de ter calma e analisar se há de fato algum homem que valha a pena, me sinto esperando que eles julguem minha aparência. O mais engraçado é que nem estou interessada nos homens, mas fico esperando que eles se interessem por mim. Meu Deus, eu realmente me odeio, como sou patética.

Psiquiatra: Quando você está num grupo só de mulheres, vocês conversam a respeito de aparência?

Eu: Aí eu fico totalmente de boa.

Psiquiatra: Fica mesmo?

Eu: Na verdade, não. Não mesmo!

Psiquiatra: Como se sente se alguém é elogiado e você não?

Eu: Oh, com inveja, muita inveja. Certo, eu sou assim com mulheres também. É por isso que tenho inveja das minhas colegas de trabalho.

Psiquiatra: Você presta atenção à sua aparência de manhã, quando está se arrumando?

Eu: Não exatamente. Oh, aposto que você não tem outro paciente tão sem salvação quanto eu, doutor.

Psiquiatra: Pelo contrário.

Eu: Você tem? Estou incrivelmente constrangida agora! Há outras pessoas que compartilham pensamentos tão fúteis como estes com você?

Psiquiatra: Imagino que esteja constrangida, mas há pessoas que têm uma maneira mais indireta de chegar a esse ponto de constrangimento.

Eu: Estou sendo bem direta?

Psiquiatra: Está, sim. Alguns falam de aparência, outros focam na questão a partir do ângulo da atenção alheia.

Eu: Certo. Sinto-me realmente obcecada por meu rosto e meu charme. Acho, de verdade, que não tenho charme nenhum.

Psiquiatra: Mas você tem, sim, do contrário não receberia nenhuma atenção. Mas a questão não seria mais sobre como você se sente incomodada se é tirada um pouquinho dos holofotes?

Eu: O que estou fazendo comigo mesma? Eu não *quero* ser assim.

Psiquiatra: Já ouviu falar do transtorno de personalidade histriônica? (É um transtorno de personalidade no qual a pessoa exagera suas expressões de emoção para atrair atenção para si.)

Eu: Não. Quer dizer que tenho isso?

Psiquiatra: Parece-me que tem uma certa tendência para ele. Você procura ser o centro das atenções aonde quer que vá.

Eu: Oh, sim, sim, sim, sim, é exatamente isso.

Psiquiatra: Geralmente há duas formas de manifestação. Um tipo pode, a fim de ficar mais atraente, usar roupas mais curtas ou ganhar músculos. O outro, se não obtém sucesso em ser o centro das atenções, tende a presumir que é porque as pessoas o odeiam, então se censura por isso.

Eu: Sou desse último, então.

Psiquiatra: O fato de ter consciência disso sugere que você também tem consciência de que recebe bastante atenção. A maior parte das pessoas não percebe isso.

Eu: Tenho consciência demais. Sou tão sensível a isso que cada palavrinha soa como um trovão. Por exemplo, uma vez fui ao grupo de escrita com óculos em vez de lentes de contato, e a reação foi bem positiva. "Uau, você fica mais bonitinha de óculos! Deveria usá-los sempre", mas isso significa que, se não uso óculos, fico feia.

Psiquiatra: Ok, espere aí – como chegou a essa conclusão tão de repente?

Eu: Estou nos extremos de novo, não estou? Seja como for, me senti bastante insultada quando falaram isso. E tiramos uma foto do grupo, mas uma das meninas disse que eu era muito mais bonita pessoalmente que em fotos. E ela comentou com um dos meninos: "Ela não é muito mais bonita no mundo real?" Mas eles todos disseram que eu tinha a mesma aparência. Um deles disse que parecia mais bonita na foto. Fiquei bastante irritada com isso.

Psiquiatra: Porque você discordava?

Eu: Sim. Achei que estava esquisita nela... Então pensei que, bom, devo ser feia e pronto.

Psiquiatra: Essa é uma conclusão um pouco estranha, não acha?

Eu: Exato, eu me torno feia. Porque vivo nos extremos. Quero morrer com isso.

Psiquiatra: E você mantém essa sua tendência oculta?

Eu: O que quer dizer com "oculta"?

Psiquiatra: Você tenta ocultar essa obsessão porque tem consciência dela, quero dizer.

Eu: As pessoas dizem que sou bem honesta. Mas pensei comigo mesma: "Sou realmente uma pessoa honesta?". E percebi que a parte de mim que oculto dos outros é essa. É por isso que queria conversar sobre ela com você hoje. Eu sempre finjo que não existe, e a mantenho em segredo.

Psiquiatra: É difícil admitir tudo isso. A razão pela qual disse que você a oculta é porque: lembra daquele formulário de quinhentas perguntas que eu te pedi para preencher no começo do tratamento? Era um teste de personalidade. Mas não houve indicação disso nos resultados, então não esperava encontrar isso aqui.

Eu: Isso o quê?

Psiquiatra: Essa obsessão com a aparência e com o julgamento dos outros. Não aparece nos seus testes. E não percebi em nossas conversas.

Eu: Então fui bem-sucedida em ocultá-la total e completamente?

Psiquiatra: Sim. (Ele ri.) Você tem consciência das ocasiões em que fica nervosa com a possibilidade de que as pessoas não digam que você é bonita? Essa consciência é o motivo pelo qual, para usar uma expressão sua, não ser bonita significa que você é "feia e pronto".

Eu: Exato. Se não gostam de mim, logo me transformo em uma pessoa feia e sem charme.

Psiquiatra: Isso não é algo que te disseram muitas vezes antes? Algo que deveria ser reconhecido a essa altura?

Eu: Como assim?

Psiquiatra: Seu extremismo preto e branco.

Eu: Oh, isso.

Psiquiatra: Todo mundo quer ser uma estrela. Ainda que de vez em quando haja pessoas que queiram fazer papel de coadjuvante. Mas o jeito que você pensa só deixa espaço para as estrelas e os figurantes. No exato momento em que você não é a estrela…

Eu: Eu me torno um dos figurantes.

Psiquiatra: Sim. Você pensa que será esquecida e que ninguém vai saber quem é você.

Eu: Uau, eu vivo mesmo nos extremos. Como fiquei desse jeito? (Sinto que fico perguntando isso e ouvindo as mesmas respostas, para depois esquecê-las.)

Psiquiatra: Bom, é difícil apontar uma única causa. Sua visão sobre si mesma é tão estreita e autocrítica que você é incapaz de ver as coisas em uma perspectiva mais ampla, e se força a escolher apenas um ângulo, que é a saída mais fácil.

Eu: Não entendo muito bem isso, mas vou tentar ser honesta. E vou fazer anotações sobre a sessão de hoje. O que penso honestamente é que, se os amigos da pessoa com quem me relaciono não me acharem bonita, essa pessoa vai parar de me ver com lentes cor-de-rosa.

Psiquiatra: Por quê? Você enfeitiçou essa pessoa ou algo do tipo?

Eu: Não, é que todo mundo usa lentes cor-de-rosa no começo de um relacionamento.

Psiquiatra: Você também?

Eu: Eu também – oh, entendi o que quis dizer. Esse sentimento não muda por causa do julgamento de outra pessoa.

Psiquiatra: Vamos voltar para o transtorno de personalidade histriônica.

Eu: *É* isso o que eu tenho?

Psiquiatra: Não, como estava dizendo, você tem algumas tendências, mas não se encaixa totalmente no perfil. Porém, você tem mesmo medo de ser tirada dos holofotes. Não tem problema sair do holofote, uma pessoa pode ficar a um ou mesmo a dois passos do holofote, mas você interpreta qualquer tentativa de tirarem os holofotes de você como um enorme gancho te prendendo pela cintura e te puxando para fora do palco. Acho que os medos são desproporcionais em relação ao perigo real. Isso é uma forma de obsessão.

Eu: Sou muito boa em me tratar como objeto, como pode ver. Sei que não sou feia. Mas não sou bonita, tampouco. Sei que sou comum, e odeio isso mais ainda.

Psiquiatra: Celebridades dizem a mesma coisa.

Eu: Tipo quem?

Psiquiatra: Já ouviu falar que o ator bonitão Jang Dong-sun uma vez disse: "Meu rosto é bem comum, na verdade"?

Eu: Ai, meu Deus, que ridículo.

Psiquiatra: É perfeitamente compreensível que alguém possa se sentir assim quanto a si mesmo. O que você disse agora há pouco poderia ser uma versão de Jang Dong-sun dizendo que é comum. Se alguém te considera atraente, essa pessoa pode pensar que isso é uma tentativa de parecer humilde.

Eu: Como me livro desse hábito?

Psiquiatra: Você acha que dá para fazer algo à força?

Eu: Queria evitar os olhares de julgamento de aparência, é por isso que costumava não fazer nada com minha aparência. Nada de maquiagem, roupas enormes. Porque assim eu não me magoo e posso relaxar.

Psiquiatra: As pessoas prestavam atenção quando você fazia isso?

Eu: Acho que não.

Psiquiatra: Ninguém dizia algo como: "Você está bonita hoje"?

Eu: Oh, espere, isso aconteceu uma vez.

Psiquiatra: Então, a que ponto de feiura você precisa se forçar a chegar?

Eu: Tem razão. Houve uma época em que eu gostava mais de mulheres do que de homens. O que era ótimo, porque eu podia escapar do olhar masculino. Eu gostava de garotas, então não precisava ficar bonita para os homens, e não me importava com o fato de os homens não gostarem de mim. Acho que era muito cômodo para mim, psicologicamente.

Psiquiatra: Bom, assim como pensou: "Não sou feia, mas não sou bonita, tampouco", pode também pensar: "Não sou este nem aquele extremo, mas, no fim das contas, até que tenho uma boa aparência".

Eu: Posso?

Psiquiatra: E, dessa posição, pensar ainda: "Aqui é onde estou, e todo mundo tem padrões diferentes, por isso algumas pessoas vão achar que estou em um lado e outras vão achar que estou no outro".

Eu: Doutor, preciso realmente praticar isso. Porque sei tudo isso muito bem. Mas, quando me encontro em uma situação como a de ontem, com a pessoa que está comigo, me dá um branco.

Psiquiatra: É claro que você se sente pressionada em uma situação como essa. Pense em como essa pessoa se sentiria pressionada se você também saísse por aí se gabando dela. Mas o xis da questão é que você continua acreditando que precisa atender às expectativas das outras pessoas…

Eu: (Praticamente a ponto de arrancar meu próprio cabelo.) Ai, meu Deus, como se ela *tivesse* expectativas! Quem eu acho que está tão preocupado comigo? Não existem palavras para dizer quão ridícula eu sou.

Psiquiatra: Este não é o problema do qual você precisa se afastar, é mais uma questão de apreciar a própria aparência. Em alguns dias, você sentirá vontade de se esforçar para ficar bonita, e, nos dias em que não se sentir assim, pode simplesmente adotar a seguinte postura: "Vá em frente, pode julgar o quanto quiser", sabe.

Eu: E quanto à minha vontade de atenção e holofotes, e tudo o mais?

Psiquiatra: Você tem medo de não receber atenção, mas acho que não é a atenção em si que você quer. Porque, se fosse, isso apareceria no seu comportamento, como mencionei antes. Vestindo-se com roupas chamativas ou cobrindo-se de tatuagens, esse tipo de coisa.

Eu: Está dizendo que não tenho nenhum desses comportamentos?

Psiquiatra: Você não tem. Só tem medo de ser afastada. Não vestimos roupas bonitas todo santo dia. Às vezes, você sai de casa com o cabelo despenteado se só vai dar um pulinho na loja da esquina. Alguns dias você vai estar bonita, outros não. É uma situação que pode sempre mudar, por isso não precisa ficar pensando: "O que as pessoas vão dizer a meu respeito, o que elas vão pensar?". Às vezes, você vai decepcionar as pessoas. E pode pensar: "Elas não estão mais interessadas em mim? Os sentimentos delas mudaram?". Mas isso não deveria te fazer pensar automaticamente: "Elas me odeiam, eu sou horrenda".

Eu: Tenho vivido em extremos há tanto tempo que me esqueço de pensar de outra forma. Você me disse para mudar minha postura e criar um meio-termo. Está me pedindo para aplicar isso aqui também, certo?

Psiquiatra: Há muitas formas de fazer isso. E, seja como for, todo mundo vai ter uma visão diferente de você.

Eu: Gosto muito de rostos que parecem o oposto do meu. Não sei se é meu gosto ou se estou encarando isso da perspectiva de um homem.

Psiquiatra: Talvez seja porque esses rostos têm traços que você não tem.

Eu: Quero amar meu próprio rosto, mas gosto tanto de outros rostos, que não consigo ver o meu como bonito. Às vezes, acho que sou bonita, mas, quando alguém me diz que sou bonita, nunca concordo com essa pessoa.

Psiquiatra: A questão é: é provável que as pessoas de cujo rosto você gosta sejam bonitas, e os rostos dos quais não gosta também podem ser bonitos.

Eu: Então é isso, estou nos extremos de novo.

Psiquiatra: É o seu gosto. O importante é que tocou na questão. O fato de querer tratar disso por conta própria é um ato significativo de coragem, e agora você pode processar isso melhor.

Eu: Realmente me sinto aliviada agora.

Psiquiatra: O medo aumenta quando você guarda algo para si mesma. Em vez de sofrer sozinha, pode ser bom compartilhar isso com alguém, como está fazendo agora. E, se não quiser ver os amigos do seu namorado, não é obrigada a fazer isso.

Eu: Tenho receio do julgamento deles. Odeio a ideia de que possam pensar que não sou bonita.

Psiquiatra: Não te traria mais alívio se você os decepcionasse logo de cara e seguisse em frente?

Eu: Esse é um bom argumento.

Psiquiatra: Porque se eles disserem: "Uau, como você é bonita!", você teria que ficar se esforçando para não decepcioná-los.

Eu: Humm... Isso também é verdade. É por causa desse tipo de estresse que algumas mulheres fazem cirurgia plástica?

Psiquiatra: Pode ser. Muitas pessoas com transtorno de personalidade histriônica sofrem de dismorfia corporal. Elas ficam pensando que há um problema com a própria aparência. Por exemplo, o reflexo delas pode fazê-las parecer retorcidas ou estilhaçadas.

Eu: Acho que tenho um pouco disso!

Psiquiatra: (Dando um sorriso.) Não, eu acho que você acha isso porque acabou de me ouvir falar a respeito. Estou falando de algo que é uma espécie de ilusão, algo que as pessoas que sofrem desse transtorno veem de verdade.

Eu: Ah. Espero que não chegue a esse ponto comigo.

EU MESMA, UMA CONTRADIÇÃO

Mesmo que eu fosse gorda ou feia, quero me conhecer e me amar. Mas a sociedade nos ensina a julgar o peso uns dos outros, e meu pai e minha irmã mais velha me elogiavam toda vez que eu perdia alguns quilos. Não acho que pareço mais saudável nem me sinto melhor quando estou mais magra, mas acho que tenho mais confiança.

Refleti se essa confiança era por acreditar que ser magra me deixaria mais saudável, mas não acho que seja isso; é porque me sinto mais no controle. Odeio pensar que estou ficando feia, ou que não vou vestir o que quero. É por isso que fico obcecada com meu peso. O olhar da sociedade é tão insidioso e, apesar de ser impossível, eu quero escapar dele. Mas não quero ficar gorda de propósito.

Não entendo por que um indivíduo precisa ser tratado como um nada e se esforçar para se encaixar nos padrões sociais se o real problema são as pessoas que rebaixam as outras. Isso me frustra. Não conseguir escapar desse enquadramento, ainda me sentir inferior quando encontro alguém supostamente superior a mim, e me sentir confiante e confortável quando encontro alguém supostamente inferior – sem dúvida, odeio essa parte de mim.

10
POR QUE VOCÊ GOSTA DE MIM? AINDA VAI CONTINUAR GOSTANDO SE EU FIZER ISSO? OU AQUILO?

Fiz um teste de autoestima na internet e obtive um resultado de −22. Já sabia que tinha baixa autoestima e acho até que foi um resultado maior do que o que recebi alguns anos atrás, motivo pelo qual fiz uma piada para minha amiga e família, mas acabei não me sentindo tão bem com isso. Minha ansiedade em relação a situações novas e à impressão que eu passava para os outros, e como isso se manifesta como hostilidade para eles – são problemas tão entranhados que parece impossível tentar resolvê-los. Por outro lado, me sinto aborrecida e triste. Para mim, parecia impossível me imaginar recebendo calor ou conforto da maioria das pessoas. Eu também não sabia como não culpar a mim mesma por fraqueza e defeitos.

Psiquiatra: Como tem passado? Conheceu os amigos do seu namorado?

Eu: Não, não conheci. Ele leu uma coisa que escrevi a respeito da minha obsessão com aparência e se surpreendeu. Disse que não tinha ideia de que eu estava sob tanta pressão. Que, se não quisesse conhecer os amigos dele, não precisava. Mas realmente senti alívio quando contei, e um pouco de constrangimento também.

Psiquiatra: Claro que sentiu. Você revelou sentimentos que manteve ocultos por décadas, lógico que se sentiria constrangida. Pense nisso como uma fase transicional.

Eu: Acho que fui bem sincera, mas, pelo jeito, parece que ainda mantenho muitas coisas ocultas. Por exemplo, ele estava lendo o que escrevi em voz alta na minha frente. Foi tão constrangedor, eu odiei, mas depois pensei: "Não, eu não odeio, eu aceito". Embora meus sentimentos imediatos na hora tenham sido: "Ai, não, que ódio dessa leitura em voz alta". É por isso que decidi seguir meu sentimento e disse: "Por favor, não leia em voz alta". Esses dias não tenho me colocado sob camadas de censura; estou tentando dizer o que sinto na hora.

Psiquiatra: Isso me soa como algo que pode virar uma coisa um pouco compulsiva.

Eu: Você tem razão. E estou tentando consertar meu hábito de viver em extremos. Tenho uma amiga próxima no trabalho, e costumamos compartilhar as dificuldades que enfrentamos. Mas aconteceu que eu estava muito ocupada e não no estado de espírito para isso, e minha amiga de repente veio desabafar comigo. Aquilo foi difícil para mim. Normalmente, meu cérebro processaria tal situação como: "Uau, ela deve mesmo estar fazendo pouco-caso de mim se acha que pode despejar tudo isso na minha cabeça; por acaso eu sou a lata de lixo emocional dela?". E eu ficaria toda agitada com minhas emoções, sabe? "Sou burra como uma porta, uma garota idiota." Mas desta vez eu pensei: "Devo ser uma presença reconfortante para ela, é por isso que está me contando essas coisas, e não porque faz pouco-caso de mim".

Psiquiatra: Acho que pode aprofundar isso ainda um pouco mais.

Eu: Como?

Psiquiatra: Você poderia pensar: "Ela realmente não deve ter ninguém mais que possa ajudá-la a desabafar sobre esses sentimentos".

Eu: Mas isso seria tão presunçoso de minha parte!

Psiquiatra: Só estou dizendo que você pode aproveitar a liberdade dos próprios pensamentos.

Eu: Entendi. Isso me lembra de que, nos últimos tempos, não paro de pensar na seguinte frase: "Essa maldita autoestima". Tipo, por que é tão importante assim ter esse maldito negócio de autoestima? Em livros, sempre dizem que devemos nos amar para amarmos os outros, que, se nos rebaixarmos, os outros vão nos rebaixar também. Costumava pensar que isso era pura bobagem. Eu me odiei tanto, por tanto tempo. Mas sempre teve gente que me amou! E eu não me amo, mas amo de verdade os outros. Será que esse amor tem algo a ver com autoestima?

Psiquiatra: Esses livros querem dizer que você pode ter uma visão distorcida do que é o amor se não amar a si mesma.

Eu: Visão distorcida?

Psiquiatra: Sim, porque vai começar a suspeitar do amor que recebe. Por exemplo, se não gosta da sua aparência, mas alguém te elogia, você pode pensar: "Por que ele está fazendo isso comigo? Será que está mal-intencionado?". Por outro lado, se está satisfeita com sua aparência, consegue simplesmente aceitar o elogio como ele é. O importante aqui não é se você está sendo amada, e sim como aceitará o amor que vem até você.

Eu: Entendi… É uma questão de aceitação. Você quer dizer que, se eu tivesse autoestima, meus pensamentos fluiriam para uma direção mais positiva e saudável?

Psiquiatra: Por exemplo, quando alguém está apaixonado por você, há uma diferença clara entre pensar: "Eu gosto de certos aspectos em mim também; será que devo dar uma chance a ele?", e pensar: "Por que ele gostaria de alguém como eu? Ele é doido?".

Eu: Oh… Você tem razão.

Psiquiatra: Sua autoestima determina como você se sente a respeito da sinceridade dos outros. Na verdade, não há formas infalíveis de aumentar a autoestima. Mas o que você mencionou que fazia antes; como te ocorreu que havia reagido antes de forma diferente a certas situações – essa consciência é, por si só, um grande começo. Porque se tornar consciente de algo é um grande passo na direção certa.

Eu: Não fazia ideia de que meus pensamentos ficavam tanto em extremos. Outras pessoas poderiam mencionar isso a meu respeito, mas eu só pensaria: "É porque você não me conhece bem".

Psiquiatra: Pensamentos extremos podem ir para direções diferentes. Há aqueles que te colocam para baixo o tempo todo e aqueles que inflam o ego o tempo todo. Se esses dois tipos de pessoa estivessem procurando por um meio-termo, a pessoa que se coloca para baixo provavelmente não teria mais sucesso que aquela que se ama demais?

Eu: É mesmo mais difícil para as pessoas que se amam demais?

Psiquiatra: É, no sentido de que elas não sentem necessidade de tratamento. E se recusam a ouvir os outros, porque os veem como estraga-prazeres que querem diminuir a confiança delas. Há pessoas que vêm aqui basicamente pedindo reconhecimento, querendo me dizer que são maravilhosas. Elas pensam que os outros sentem inveja delas.

Eu: Deve ser difícil para essas pessoas melhorarem. Elas interpretariam qualquer crítica como inveja.

Psiquiatra: Subconscientemente, elas construíram uma nova persona a fim de vencer a baixa autoestima, ou varrem para debaixo do tapete suas partes odiosas e fingem ser o oposto do que são. Fingem ter autoestima elevada, mas se magoam com mais facilidade dessa forma.

Eu: Entendi.

Psiquiatra: Um sintoma comum das ilusões de grandeza é a mania. Ela ocorre como defesa contra a depressão aguda. Essas pessoas podem agir como de hábito em um dia e no seguinte fazer você pensar: "Essa pessoa é maluca!" – isso em geral significa um episódio maníaco. Quando a esquizofrenia progride lentamente, os estados maníacos começam a aparecer em momentos aleatórios. Uma manifestação mais séria disso resulta em afirmações como: "Eu sou Jesus, eu sou Buda". E, às vezes, essas pessoas pensam que estão sendo perseguidas e vão se esconder.

Eu: Deve ser horrível para elas. (Por que estamos falando de estados maníacos agora...?)

Psiquiatra: Os episódios não são longos. E, uma vez que voltem ao seu normal, elas podem se sentir muito mal.

Eu: Elas estão tentando escapar de uma realidade estressante?

Psiquiatra: É isso. Os religiosos que vão para a igreja várias vezes por semana subitamente se tornam deuses. Pensam que podem salvar os outros.

Eu: Oh... Na verdade, tenho uma nova preocupação. (Vejo que mudei de assunto aqui; não devia estar interessada neste tópico.)

Psiquiatra: O que é?

Eu: Não quero beber tanto quanto estava acostumada. Meu eczema piora quando faço isso. Eu bebi demais na noite passada e minha pele ficou com uma aparência horrível esta manhã, e me senti tão culpada.

Psiquiatra: Quando você pensou pela primeira vez que deveria beber menos?

Eu: Sempre tive essa ideia. Mas, à noitinha, após voltar para casa, virou quase um ritual para mim.

Psiquiatra: E o que tem na bebida que te ajuda?

Eu: Gosto do estado onírico no qual entro com ela.

Psiquiatra: Sua mente fica mais tranquila?

Eu: Sim, minha mente fica mais tranquila, e consigo escrever melhor.

Psiquiatra: Você poderia dizer que é uma ferramenta para sua escrita?

Eu: Talvez um pouco. (Há vezes em que bebo para escrever melhor, mas, para ser honesta, essa é apenas uma pequena parte da questão.)

Psiquiatra: Não que precise ficar completamente bêbada para escrever?

Eu: Não faço isso. Se ficar tão bêbada assim, pode esquecer a escrita, eu viro uma gelatina. Bebo sem controle até estar total e completamente chapada.

Psiquiatra: Mesmo se estiver bebendo sozinha?

Eu: Às vezes, mas, especialmente quando bebo com um amigo que gosta de beber, não consigo me controlar.

Psiquiatra: Então não saia com esse amigo.

Eu: Isso é verdade. Você tem pacientes que vêm aqui porque querem parar de beber?

Psiquiatra: Tenho, sim.

Eu: Que métodos você recomenda a eles?

Psiquiatra: Se eles estiverem tão dependentes do álcool a ponto de se sentirem incomodados se não beberem mesmo que por um dia, recomendo que se internem em alguma instituição. Se não for tão sério, prescrevo medicações que reduzam os sentimentos compulsivos.

Eu: Eu gostaria de tentar essa medicação.

Psiquiatra: Seu hábito de beber se dá para que se sinta mais tranquila. Você sente sintomas de abstinência quando acorda? Às vezes usamos uma medicação que mitiga o efeito dos sintomas de abstinência. Ela funciona dando a você a mesma sensação de tranquilidade.

Eu: Eu não sou um caso sério o bastante para justificar o uso de comprimidos? Eu realmente gosto do sabor das bebidas alcoólicas.

Psiquiatra: Não acho que seu caso justifique o uso dessa medicação. Você quer parar de uma vez por todas?

Eu: Não, eu gosto demais de beber.

Psiquiatra: Só quer beber com moderação, é isso?

Eu: Sim. E beber me faz ganhar peso. Quero beber só de final de semana, mas não consigo levar esse plano adiante.

Psiquiatra: Beber por hábito e beber porque sente que de fato precisa são duas coisas diferentes. Acho que você precisa exercitar sua força de vontade. Se não funcionar, poderíamos tentar os comprimidos. Tente criar uma estratégia para beber, por exemplo, limitar os dias em que sai com os amigos que bebem.

Eu: Está certo...

VIDA

"O importante aqui não é se você está sendo amada, e sim como aceitará o amor que vem até você."

Alcancei a consciência de minha visão de um mundo em preto e branco e estou tentando mudar a direção dos meus pensamentos. Ainda tenho pensamentos mais extremos quando se trata do relacionamento que concentra a maior parte dos meus medos – meu relacionamento romântico –, mas tenho esperança de que vou melhorar.

Ainda bebo, e, por causa do aniversário de oitenta anos da minha avó e do casamento do meu primo, não pude ir à terapia por duas semanas seguidas. Talvez esse tenha sido o motivo de começar a ter dores de cabeça, de irromper em lágrimas sem motivo e de me sentir instável e emocionalmente exausta.

O incidente de Lee Young-hak[1] e outros problemas sociais que emergiram por volta dessa época me fizeram sentir mais fraca também. Além disso, fiquei bem mais sensível; queria gritar com homens de meia-idade que andavam por calçadas apinhadas fumando seus cigarros sem nenhuma consideração pelos outros. Por um período de trinta minutos, vi sete fumantes, e eram todos homens de meia-idade. Odeio eles. Odeio eles. Odeio eles.

---

1 Caso de comoção nacional na Coreia em 2017; trata-se do estupro e assassinato de uma menor. (Nota do tradutor para a edição em inglês.)

11
NÃO SOU UMA PESSOA BONITA

Psiquiatra: Como tem passado?

Eu: Acho que bem, mas algo aconteceu. A conta da companhia no Instagram que eu administrava passou para outra equipe, e ver a primeira postagem deles me deixou triste. Sinto que a nova pessoa responsável faz um trabalho melhor que o meu, e que a companhia ficaria bem mesmo se eu sumisse, e o pensamento de que meu espaço nela estava diminuindo me deixou para baixo. Acho que tenho medo de competição.

Psiquiatra: Acha que isso é competição?

Eu: Não é?

Psiquiatra: Você está sentindo que não faz mais parte da equipe?

Eu: Exato. Estou ansiosa com o fato de talvez ter perdido meu lugar.

Psiquiatra: Mas isso é só a sua perspectiva. Assim como a grama sempre parece mais verde no jardim do vizinho. Não acha que está dando pouco valor para todas as coisas em que você é boa de fato? Acho que precisa aceitar que tem pontos fortes também.

Eu: Certo. Nunca aceito isso, só me critico. Quando leio livros, só olho para trás e penso como era ignorante, e me repreendo, sentindo-me mal por ser tão idiota.

Psiquiatra: Existe algo em você que aceita como bom?

Eu: (Fico pensando por um longo tempo.)

Psiquiatra: Ou qualquer parte sua que não critica?

Eu: Não julgo as pessoas pela quantidade de dinheiro que têm, seja muito ou pouco. E li um romance recentemente que é escrito da perspectiva de uma mãe que tem uma filha lésbica e, nele, a mãe pensa que a filha é anormal e que o mundo vai acabar porque a menina é homossexual. Talvez alguns leitores concordem com a mãe, mas não acho de modo algum que a filha dela era anormal.

Psiquiatra: Você sente simpatia por minorias sociais. Talvez isso venha do fato de que vê a si mesma como alguém em desvantagem?

Eu: Não acho que eu seja particularmente solidária...

Psiquiatra: Ou é capaz de sentir empatia por elas.

Eu: Bom, eu as vejo como minorias.

Psiquiatra: Sim. Mas você tenta se encaixar em um padrão, como se estivesse sob grande pressão para se adequar, a fim de impedir que seja vista como anormal.

Eu: Realmente faço isso. E ainda estou passando pelos efeitos colaterais.

Psiquiatra: Como quais?

Eu: A noite passada, tomei uns comprimidos e caí no sono, mas acordei de madrugada. Meu coração estava acelerado e me sentia tão nervosa, e (irrompo em lágrimas) fiquei chorando assim. Sabe quando meu questionário revelou que eu estava sendo uma "falsa má" (a tendência de ver a si mesmo pior do que se é na verdade)? Por isso fiquei dizendo a mim mesma: "Você está exagerando, a situação não está tão ruim". Mas achei tão injusto pensar assim. Queria provar que tudo estava ruim. Então tomei uns comprimidos de emergência e um comprimido para dormir, e apaguei.

Psiquiatra: O "falso mau" pode ser uma função de distorção cognitiva. Usando seu trabalho como exemplo, é quando você pensa que sua companhia pode funcionar perfeitamente bem sem você, embora seja parte crucial das operações por lá. Você fica tão imersa em sentimentos ruins que eles dominam sua mente.

Eu: Não sei quanto tempo vou levar para me livrar disso. É tudo tão difícil. Fico tão feliz quando consigo mudar a direção dos meus pensamentos, mas tive tantos anos de pensamentos negativos que não é fácil.

Psiquiatra: Quero que tente fazer algo que nunca fez antes. Não acho que seus métodos atuais para escapar da depressão ou de pensamentos vazios são efetivos. Talvez precise fazer algo mais dramático.

Eu: Quer que eu chute o balde?

Psiquiatra: O que chutar o balde significa para você?

Eu: Pedir demissão.

Psiquiatra: Entendo.

Eu: Isso mesmo. Seria o ponto-final disso. E ganhei cinco quilos desde o verão.

Psiquiatra: É mesmo? Não parece. Houve algum motivo em particular?

Eu: Só comi coisas de que gosto e bebi demais.

Psiquiatra: Mas você disse que bebia demais antes.

Eu: Isso mesmo. Eu acho que, quando as pessoas olham para mim, é porque ganhei peso e elas pensam que sou gorda.

Psiquiatra: Você se sente assim quando se olha no espelho?

Eu: Sim. Estou gorda demais. Quero ser feliz enquanto estou gorda, mas não é fácil.

Psiquiatra: Acha que consegue ser feliz sendo gorda em seu estado emocional presente?

Eu: Só fico achando que as pessoas vão zombar de mim ou me humilhar.

Psiquiatra: Você disse que quer ser feliz mesmo sendo gorda, mas não que zombe de pessoas que você acha gordas, não é?

Eu: Eu as julgo.

Psiquiatra: Como pessoas que não sabem efetivamente se controlar?

Eu: Elas só não são atraentes. Não gosto de homens que estão mais cheinhos também.

Psiquiatra: Eu me pergunto se isso não é um efeito do remédio. Não que ele te faça engordar necessariamente, mas traz de volta o apetite.

Eu: Você vai prescrever algum dia o desmame dele?

Psiquiatra: Depende, mas seus desejos são a parte mais importante nisso.

Eu: Se não tomo os comprimidos, eu me sinto terrível. Gosto de não estar deprimida. Mas sinto que troquei minha depressão por esses efeitos colaterais.

Psiquiatra: Efeitos colaterais podem ser uma questão de ajuste.

Eu: Então me ajuste logo de uma vez!

Psiquiatra: Vamos fazer isso. Não queremos que se sinta incomodada. Mas você disse que sua vida estava difícil agora? Esse sentimento de que perdeu o chão sob os pés. Minha esperança é de que pense no remédio como: "Tenho isso para me ajudar a superar essa situação".

Eu: Tudo bem. Mas por que tenho essas dores de cabeça súbitas?

Psiquiatra: Você pode ter dores de cabeça por causa dos comprimidos.

Eu: Outra coisa: li um livro chamado *Humilhação*[2], e percebo que me sinto humilhada com muita facilidade. Acho que tento com tanto afinco ser legal com os outros por causa disso. Lembro que uma vez fiquei numa pensão. A primeira pessoa com quem compartilhei um quarto era bem legal, mas a que conheci no segundo dia parecia fazer pouco-caso de mim. Isso feriu meus sentimentos. Percebi, depois

---

2 모멸감 [Humilhação], de Kim Chan-ho, é um ensaio crítico sobre a natureza da humilhação na sociedade coreana. (Nota do tradutor para a edição em inglês.)

de ter lido *Humilhação*, que interpretei a atitude dessa pessoa negativamente porque tenho baixa autoestima. Ela podia estar só cansada, mas interpretei como: "Está fazendo pouco-caso de mim!". Significou muito perceber isso.

Psiquiatra: Não acho que precise achar um motivo para tudo em você. Talvez fosse apenas um dia ruim.

Como estão as coisas com sua irmã mais velha?

Eu: Oh, sim, ela parece ter mudado. Costumava me tratar como se eu fosse inferior, mas agora me vê como uma igual. Até me pediu que eu comprasse um vestido bonito para ela, e veio me pedir conselhos.

Psiquiatra: E como você se sente quando ela faz isso?

Eu: Não sei realmente o que pensar dela. No passado, eu a culpava por tudo e ficava com tanta raiva, mas não faço mais isso.

Psiquiatra: Acho que você também se rebaixa para elevar os outros. Quando se compara com os colegas no trabalho, parece que só vê neles o que você não tem. Você os elogia e critica a si mesma.

Eu: Mas eu também sou duas-caras, porque desprezo os outros em silêncio. E os excluo.

Psiquiatra: Sim. Mas, novamente, você pode aproveitar a liberdade dos próprios pensamentos, em vez de pensar: "Não devo ter esses pensamentos".

MORTE LIVRE

"'Você está exagerando, a situação não está tão ruim.' Mas achei tão injusto pensar assim. Queria provar que tudo estava ruim."

Em *Diários do Suicídio*, de Hong Seung-hee[3], eu li sobre os pensamentos dela a respeito da morte livre. Da mesma forma que a palavra coreana para menopausa não deveria ser "interrupção menstrual", mas "completude menstrual", ela achava que a palavra "suicídio" deveria ser substituída por "morte livre", uma ideia linguística que deixou uma forte impressão em mim. Há tantas palavras com sentidos, texturas e impressões profundamente negativos: aborto, menopausa, suicídio e assim por diante.

É impossível sondar a tristeza daqueles que foram deixados para trás, mas, se a vida proporciona a alguém mais sofrimento que a morte, não deveríamos respeitar o direito de essa pessoa pôr um fim à vida? Somos muito ruins em manter luto em nossa sociedade. Talvez seja uma falha relacionada a respeito. Alguns chamam aqueles que escolhem a própria morte de pecadores, fracassados, ou covardes desistentes. Viver até o fim é mesmo um triunfo em todos os casos? Como se houvesse realmente ganhar ou perder neste jogo da vida.

---

3 Foi uma coluna sobre depressão e suicídio. Era publicada no agora extinto *Newdam*, no fim de 2017. (Nota do tradutor para a edição em inglês.)

Acho que vou sair do meu trabalho. A vida é um ciclo de melhorar e piorar, e então melhorar de novo, portanto piorar é uma parte natural da vida, e tenho apenas que aprender a lidar com isso.

12
O FUNDO DO POÇO

Sinto-me completamente drenada. Não quero trabalhar. Durante o horário de almoço no trabalho, não estava exatamente tentando chamar a atenção, mas sentia dificuldade em interagir com meus colegas, o que me deprimiu um pouco. Algumas pessoas disseram que uma amiga minha era bem bonita, e aquilo me deixou com inveja. E me fez parar de gostar dela. Sou horrível.

Sou realmente uma pessoa calorosa? Não me considero uma pessoa boa, para ser honesta. Só não quero que minha sensibilidade e minha ansiedade sejam um constrangimento para os outros, é só isso.

Psiquiatra: Você teve uma boa semana?

Eu: Não. Com certeza não tive.

Psiquiatra: O que aconteceu?

Eu: Deprimida e drenada. Zero motivação no trabalho. Disse a eles semana passada que ia pedir demissão. Minha chefe me perguntou por que, e disse a ela que era por motivos mentais e físicos. Falei que estava me tratando, e ela entendeu. Ela me disse que me demitir assim poderia aumentar minha ansiedade. E que eu deveria tirar a semana seguinte de folga e poderíamos conversar sobre me dar mais liberdade em meu trabalho quando eu voltasse em novembro. E se, mesmo assim, eu continuasse a me sentir da mesma forma, poderíamos falar de novo sobre a questão.

Psiquiatra: E como você se sentiu?

Eu: Tão grata que quase chorei. Trabalhei lá por quatro anos sem pausa. Você sabe o sentimento de estabilidade que uma companhia pode trazer para sua vida (horários regulares, o salário e assim por diante). Estava receosa de deixar essa estabilidade para trás e adiar meu pedido de demissão me trouxe alívio. Mas achei que seria realmente temporário. Meu estado de espírito no escritório é sempre o mesmo. Eu me sinto tão entediada, e como se só estivesse vivendo um dia atrás do outro. Não sei como a situação chegou a esse ponto. Tem sido assim por dois meses. Oh, farei uma viagem para Gyeongju amanhã, sozinha.

Psiquiatra: Como você costuma se sentir quando um dia de trabalho acaba?

Eu: Sem energia. A única distração que tenho é andar do trabalho para casa no fim do dia, e não tenho vontade de fazer nada quando chego em casa. Assim que penso: "Deveria fazer algo", logo em seguida penso: "Não quero fazer nada de jeito nenhum".

Psiquiatra: Então, o que acaba fazendo?

Eu: Como compulsivamente. Biscoitos, chocolate e álcool. Tudo isso enquanto me estresso pensando que estou ganhando peso. É tudo uma confusão.

Psiquiatra: Como estão as coisas com seu namorado?

Eu: Essa é a única coisa boa na minha vida agora. O único momento em que sinto tudo se tranquilizar. Ele tenta dar o melhor de si para me tolerar e estar ao meu lado, o que faz com que me apoie muito nele.

Psiquiatra: Você acha que vai se cansar dessa dinâmica quando se acostumar a ela?

Eu: Por enquanto está bom, não sei do futuro.

Psiquiatra: Aconteceu alguma coisa?

Eu: Sabe que eu lido com as redes sociais na minha companhia, não sabe? Eu costumava planejar todo o nosso conteúdo on-line. Mas, já que não posso fazer tudo sozinha, as equipes de planejamento e marketing começaram a participar do desenvolvimento de conteúdo. O que foi tranquilo no começo, porém, conforme os processos foram se estabelecendo, eu me tornei apenas a pessoa que posta o conteúdo na rede. Imagino que poderia criar mais conteúdo por conta própria, mas não tenho motivação para isso. Sinto que meu espaço na companhia está diminuindo.

Psiquiatra: Como era quando estava plenamente no comando? Você obtinha bons resultados?

Eu: Sim. Eu me divertia muito e obtinha bons resultados. Minha chefe disse que eu deveria pensar em comissionar um livro e fazer algo divertido, e sou muito grata a ela pela sugestão, mas hoje em dia estou apenas chafurdando em meio a este pensamento: "Que droga estou fazendo aqui?".

Psiquiatra: Já pensou no que faria depois de pedir demissão?

Eu: Estou escrevendo um livro. Quero terminá-lo e então começar meu próprio negócio. Com minha rescisão e um trabalho de meio período. Assim que meu negócio decolar, vou mudar de trabalho.

Psiquiatra: Você se sente motivada em sua escrita?

Eu: Me sinto. Escrevi bastante coisa para o livro, e vou terminar próximo à primavera.

Psiquiatra: Será que sua chefe não tem razão e você não está só exausta? Você não parece drenada e sem vontade para outras áreas de sua vida. Não acha que sua viagem vai ajudar a recarregar as baterias?

Eu: Não sei. Recarreguei bastante durante o feriado de Chuseok. Sinto que vou enlouquecer com tanta falta de motivação. Fico irritada o tempo todo e minha mente está em frangalhos.

Psiquiatra: Mesmo que mudanças de estação te incomodem normalmente, esta é uma época em que a depressão costuma aumentar. O modo como você descansa também é importante. Espero que tome bastante sol e caminhe o máximo que puder na sua viagem.

Eu: Vou fazer isso. Só quero me livrar desse tédio.

Psiquiatra: Por que decidiu ir sozinha nessa viagem?

Eu: Se eu for com alguém, terei que me comprometer a fazer programas com essa pessoa, mas pensei que, se fosse sozinha, poderia escolher fazer o que quisesse.

Psiquiatra: Boa ideia. Acho que é algo de que você realmente precisa agora, passar um tempo sozinha. Por que escolheu Gyeongju?

Eu: Não sabia para onde ir e estava desmotivada. Uma amiga acabou me enviando fotos da viagem dela para Gyeongju e os templos e as construções antigas pareciam pacíficos; gostei muito disso. Queria andar por ali.

Psiquiatra: Acho que é bom vivenciar a solidão completa em um ambiente não familiar. Você ainda não atingiu o fundo do poço. Mas, quando afunda na água, pode ser um alívio encontrar o chão sob seus pés, porque sabemos que podemos pegar impulso nele para vir à tona. Então talvez seja algo bom encontrar o fundo do poço.

Eu: Como seria essa sensação?

Psiquiatra: Seria sentir uma devastação e uma solidão ainda maiores do que as que você sente agora. Vou ajustar a sua medicação. Os antidepressivos vão te erguer do chão um pouco, e vou incluir estabilizadores de humor. Como está sua concentração?

Eu: Meio que vai e vem, tudo de uma vez.

Psiquiatra: Tem chorado muito ultimamente?

Eu: Segunda passada, quando fui pegar meus remédios, chorei bastante, e chorei ontem – acho que umas três vezes esta semana.

Psiquiatra: Acho que o que você está descrevendo é um pouco diferente da depressão regular. Há um tipo de TDAH (transtorno de déficit de atenção com hiperatividade) que se manifesta em adultos. Entre os sintomas estão sensação de vazio, tédio e queda na concentração. Vou prescrever algo para isso.

Eu: (Sinto que isso descreve perfeitamente meu humor.) Sim, obrigada.

Psiquiatra: De qualquer forma, aproveite a sua viagem e, na próxima vez em que nos virmos, espero que tenha mais para me contar sobre sua irmã mais velha e seus pais, sobre os quais sempre adiamos nossa conversa.

Eu: Farei isso.

13

EPÍLOGO: ESTÁ TUDO BEM, OS QUE NÃO ENFRENTAM AS TREVAS NUNCA PODERÃO APRECIAR A LUZ

Sempre tive a tendência de desconsiderar tudo de positivo que caísse em minhas mãos. Mesmo quando conseguia conquistar algo difícil, ou quando usava um vestido bonito, logo decidia que minha conquista não era grande coisa; o vestido parecia perder o encanto. Nada ao meu alcance parecia precioso ou bonito. O problema é que comecei a aplicar esse princípio a pessoas também. Quanto mais alguém me amava, mais eu ficava entediada com essa pessoa. Talvez não entediada – ela parava de gerar faíscas nos meus olhos.

    O problema é, claro, minha autoestima. Fazia tanto pouco-caso de mim mesma que tentava ganhar aprovação sob o olhar dos outros. Mas, como não conseguia aceitar essa aprovação, havia um limite à satisfação que ela podia trazer e, após algum tempo, eu ficava entediada. É por esse motivo que eu saía em busca de outra pessoa, e pensava, já no limite, que o fato em si de alguém gostar de mim não pode me satisfazer. Fico devastada se alguém de quem eu gosto não gosta de mim, e devastada se alguém, de fato, acaba gostando de mim; em ambos os casos, estou olhando para mim mesma a partir do olhar do outro. No fim das contas, estou me torturando.

    Também me foi revelado que o motivo pelo qual sou cruel com os outros é porque tenho baixa autoestima. Como não amo a mim mesma, sou incapaz de entender aqueles que me amam apesar de tudo, então eu os testo. "Você me ama mesmo que eu faça isso? Ou isso? Ou aquilo?". Mesmo quando a outra pessoa me perdoava, eu era incapaz de entender esse perdão e, quando ela desistia de mim, eu me torturava e me consolava com o "fato" de que ninguém jamais conseguiria me amar.

Essa maldita autoestima. Não quero mais relacionamentos distorcidos, estou cansada de não ser capaz de encontrar satisfação no presente, ficar obcecada com o passado ou ter expectativas elevadas de novos relacionamentos. Mas, se isso ocorre por causa da baixa autoestima, não sei para qual direção devo seguir. Preciso chegar a um ponto no qual não consiga mais perceber a diferença entre amar e não amar alguém. Estou tão cansada de mim mesma por estar o tempo todo perdida na floresta, sem um plano sobre o que fazer; por ter tão pouca força de vontade e por ser tão sem-sal.

Meu psiquiatra se desculpou por não ter me apresentado um método geral ou uma resposta. Mas, assim como uma pessoa jogada dentro de um poço escuro precisa dar uma volta para perceber que está dentro de um poço, tenho certeza de que minhas tentativas contínuas de melhorar tomarão a forma de algo que lembra um octógono, ou mesmo um dodecaedro, e talvez um círculo algum dia. Disseram-me que meus erros acumulados criariam um senso de mim mais forte, que estava indo bem, que era perfeitamente capaz de olhar para o outro lado da moeda, mas acabou que a moeda era bem pesada, só isso.

O que eu desejo? Desejo amar e ser amada. Sem suspeitas, com tranquilidade. É só isso. Não sei como amar ou ser amada da forma apropriada, e é isso que me causa dor. Depois de transcrever minha última sessão, fiquei um bom tempo sem conseguir escrever um epílogo. Acho que queria mostrar o quanto eu tinha melhorado, queria uma espécie de *grand finale*. Achei que essa era a forma apropriada de se terminar um livro.

No entanto, mesmo enquanto leio meu manuscrito acabado, continuo a odiar o modo como entro e saio da depressão e da felicidade, e é difícil achar sentido nisso. Entrei e saí do consultório assim, e cá estou, antes de me dar conta, muitos anos depois.

Analisando-me com mais cuidado, há partes em que melhorei. Minha depressão diminuiu bastante e também minha ansiedade quanto aos relacionamentos. Porém, outros problemas preencheram as reentrâncias e a culpada por frustrar todos os esforços que fiz para explorar meus problemas em detalhe foi minha autoestima. Porque ainda continuo sendo alguém incapaz de amar a si mesma.

Mas, assim que tive esse pensamento, surgiu também outro: luz e trevas são dois lados da mesma moeda. Felicidade e infelicidade se alternam ao longo da vida, como em uma dança. Então, desde que eu continue indo em frente e não desista, com certeza vou continuar a ter momentos de lágrimas e de risadas.

Este livro, portanto, não termina com respostas, mas com um desejo. Quero amar e ser amada. Quero encontrar um caminho no qual eu não magoe a mim mesma. Quero viver uma vida que me permita dizer que há mais coisas boas do que más. Quero continuar falhando e descobrindo novas e melhores direções. Quero aproveitar as marés dos sentimentos em mim como ritmos de vida. Quero ser o tipo de pessoa capaz de atravessar a vasta escuridão e encontrar o fragmento de luz do sol que me manterá viva por um bom tempo.

Algum dia, conseguirei.

14
COMENTÁRIOS DO PSIQUIATRA: DE UMA INCOMPLETUDE PARA OUTRA

Ainda me lembro de quando a autora ligou o aparelho de gravação. Ela disse que estava tendo dificuldade em se lembrar do que discutíamos quando chegava em casa e pediu meu consentimento para gravar nossas sessões. Eu o dei, sem pensar muito nisso, mas percebi que escolhia minhas palavras com mais cuidado, sabendo que o que eu dizia como terapeuta estava sendo gravado. Então, a autora me disse que estava escrevendo um livro com base em nossas sessões de terapia e que me enviaria o manuscrito. Eu me senti despido e preocupado com o que os outros pensariam, o que me deixou relutante em virar a primeira página. Só li o livro depois de publicado, e fiquei ainda mais envergonhado do que havia esperado, posto que me arrependia de algumas de minhas escolhas de conselho; gostaria de ter sido de maior ajuda para a autora.

Por outro lado, a escrita dela no livro passou uma energia muito mais vívida do que as frases secas que registrei em seu prontuário. Encontrar fatos e informação sobre os termos mencionados neste livro – depressão, ansiedade, distimia e assim por diante – não é tão difícil na sociedade de hoje. Mas, para uma paciente enfrentar corajosamente os preconceitos sociais e revelar em detalhes tão vívidos todas as experiências que a levaram a buscar tratamento, bem como a dificuldade do processo de tratamento em si – isso é algo que talvez não seja encontrado com tanta facilidade no Google quanto o nome de um antidepressivo.

    Este é o registro de uma pessoa muito comum, incompleta, que encontra outra pessoa muito comum, incompleta, que é, por coincidência, um terapeuta. O terapeuta comete alguns erros e pode melhorar um pouco algumas coisas, mas a vida sempre foi assim, o que significa que a vida de todos – entre eles, nossos leitores – tem o potencial de melhorar. Para nossos leitores que talvez estejam na pior depois de ter vivenciado tanta devastação, ou para os que estão vivendo um dia após o outro, mal conseguindo conter a ansiedade: espero que escute aquela vozinha diferente que quase sempre passa batida dentro de você. Porque o coração humano, mesmo quando quer morrer, com frequência quer ao mesmo tempo comer um pouco de *tteokbokki* também.

15
PÓS-ESCRITO: REFLEXÕES SOBRE A VIDA APÓS A TERAPIA

O VENENO DA ALEGRIA

Minha mãe sempre achou que não tinha confiança e que era estúpida. As frases dela, em geral, continham algum tipo de autocriticismo. "Sou terrível com direções, sou estúpida, não entendo outras pessoas quando elas falam, não tenho confiança, não consigo fazer nada."

Seria impossível não puxarmos a ela de alguma forma. Minhas irmãs e eu, sem dúvida, somos mais introvertidas que extrovertidas, e todas temos baixa autoestima. Era muito pior quando éramos pequenas e nós três ficávamos bastante assustadas e intimidadas nessa época. Nossa mãe sempre evidenciava nossos defeitos, independentemente de com quem estivesse falando: "Esta aqui não tem confiança, ela tem eczema".

Naturalmente, minha vergonha foi introjetada cedo. Conforme fui crescendo, não queria mais me sentir intimidada. Quando perguntei à minha mãe: "Por que tenho tão pouca confiança?", ela respondeu: "O que quer dizer? Pare com isso! Seja confiante!". Que ironia! Era evidente que minha mãe odiava ter nos passado essa parte de si, e era por isso que sempre se irritava com nossos defeitos. Ela queria que fôssemos talentosas, mas não tínhamos talento; queria que fôssemos boas em falar em público, mas não éramos. Queria que fizéssemos o que ela queria ter feito, como se tornar aeromoça ou aprender a dançar jazz. Sou grata por ela não ter nos forçado a fazer nada disso.

A certa altura, comecei a ficar bastante irritada quando as pessoas me diziam para me alegrar ou para ser confiante ou não ficar intimidada. Eu era sempre a introvertida, a violeta murcha, e costumava ter problemas na escola ou no trabalho por causa disso. Projetos em grupo ou reuniões me davam arrepios. Assim que começava a pensar em mim mesma como experiente e preparada, dava de cara com mais obstáculos – pessoas novas, trabalho novo, tópicos novos e lugares novos. Era como um jogo no qual não importam quantas paredes você derrube, sempre haverá outra parede te esperando do outro lado.

Engraçado que as palavras mais consoladoras que ouvi foram as seguintes: "Por que está tentando ser corajosa? Por que está tentando ser confiante? Só siga em frente e permita-se sentir o que sente. Não se alegre!".

Se tento fingir ser algo que não sou, só vou acabar sendo descoberta no flagra depois de algum tempo. E odeio minha pose constrangedora, meu fingimento de ser algo que não sou. Não há nada mais constrangedor que uma pessoa que não é ousada fingir que é (é claro que fingir ser ousado e ser ousado são duas coisas diferentes). Que conselho horrível de se oferecer para alguém que não tem confiança: finja ter confiança. O que poderia ser mais enganoso do que dizer para uma pessoa medrosa não ter medo? O que poderia ser mais patético do que uma pessoa fraca fingindo ser mais forte do que é?

É por isso que, quando eu tinha que fazer apresentações na faculdade, sempre avisava à classe: "Fico nervosa durante apresentações e meu rosto fica vermelho. Meu apelido no ensino médio era Garota Vermelha. Se vocês virem meu rosto ficar vermelho como um tomate, por favor, não fiquem preocupados". Os alunos riam. E, surpreendentemente, eu seguia com a apresentação sem que meu rosto ficasse vermelho.

Às vezes, quando alguém me diz para "me alegrar" quando estou passando por um momento difícil, tudo o que quero é torcer o pescoço dessa pessoa. Só fique ali, segurando minha mão, fique triste ou irritado comigo, ou, se passou por algo similar, me conte a respeito disso e diga que, um dia, tudo vai passar. Isso é empatia e comunicação, e uma forma de consolação que enriquece os relacionamentos.

Hoje vou conhecer o autor do primeiro livro que comissionei na vida. Nunca fiz isso antes, e preciso explicar para ele que tipo de livro quero que escreva e como vamos tocar o projeto. Tenho que ser cuidadosa e, ainda assim, natural, uma vez que trata-se de um trabalho entre duas pessoas. Estarei sob a supervisão da minha chefe. Normalmente me intimido com facilidade e não tenho muita confiança, mas não quero ter que esconder isso a respeito da minha pessoa. Não vou enfatizar esse lado nem nada do tipo, mas também não vou estufar o peito e falar em voz alta, fingindo ser uma pessoa que não sou. Apenas serei o mais honesta possível. É minha primeira vez fazendo isso, não há forma perfeita de fazê-lo. Tenho que me lembrar disso e pensar em maneiras melhores de fazê-lo no futuro. Também tenho que me reconfortar, dizer a mim mesma que está tudo bem; não tenho que "me alegrar".

Às vezes, essa diretiva para se alegrar e se animar é como um veneno que apodrece a alma de uma pessoa. Note que os livros de autoajuda e coleções de ensaios mais vendidos nos últimos dez anos não têm a ver com ficar se flagelando, mas sim com cura e consolo. Está tudo bem ser imperfeito, não tem nada de mais ser esquisito. Você não precisa se animar. Posso me dar bem hoje, ou não. Será uma experiência. E está tudo bem.

DESVIANDO O OLHAR

Sempre que me sinto encanada demais com o que pensam de mim, ou quando me sinto pressionada pela ansiedade, tristeza, irritação ou pelo medo, penso comigo mesma: preciso desviar meu olhar.

Acho que me dei conta de que essa luta interna e constante nunca me fará sentir melhor comigo mesma. E como é cansativo ter todas as motivações e boas intenções do mundo pesando sobre os ombros!

Então, eu desvio o olhar. Do desespero para a esperança. Do incômodo para o conforto. Da maioria para a minoria. Das coisas que são úteis, mas que me corroem, para as coisas que são inúteis, mas me tornam bonita.

Uma vez que desvio o olhar, vejo os aspectos mais interessantes da vida. E meu olhar guia meu comportamento. E meu comportamento muda a minha vida. Percebo que não posso mudar tudo por conta própria; o que me faz realmente mudar são as milhares de coisas do universo sobre as quais meu olhar recai. Ao desviar o olhar, aprendo que os pontos baixos da vida podem ser preenchidos com incontáveis realizações.

TRABALHO DE UMA VIDA

Minha cabeça está cheia de boa escrita que encontrei, mas é tão difícil encontrar boas pessoas. É porque se tornar uma boa pessoa (meu ideal do que eu deveria ser) é um processo muito difícil. Além das características com que se nasce, é difícil mudar todos os pensamentos e atitudes que se acumulam com os anos. É por isso que, mesmo após encontrar um conselho e perceber como é bom, não consigo segui-lo por mais que três dias. Palavras e comportamentos são bem diferentes, e, enquanto esconder palavras é fácil, esconder o comportamento que se esgueira do subconsciente é impossível.

 A maioria das pessoas tem dificuldade de viver uma vida em que suas palavras estejam de acordo com suas ações. Não importa o quanto tenham lido e tentem se lembrar, elas sempre voltam aos velhos padrões. Admiro aqueles que se dão conta dos próprios erros passados e provam que mudaram por meio do comportamento.

Talvez seja por isso que sentimos incômodo ao ler as palavras daqueles que estão sempre *dizendo* as coisas certas. Porque é muito raro encontrar alguém que faz o que fala. E o mais bobo é que nos sentimos incomodados mesmo quando realmente achamos alguém que faz o que fala. Pois nos sentimos inferiores, com medo de que essa pessoa veja como somos e faça pouco-caso de nós. Talvez seja por isso que nos sentimos mais confortáveis com gente despretensiosa e descomplicada.

Encontro-me em um estado vago agora, o que não é bom. Nasci deprimida e patética. Não tenho pensamentos profundos nem o poder do *insight*. As únicas coisas em que sou boa são arrependimento e autocrítica, e mesmo essas eu só consigo pausar, nunca deter por completo. Entendo tudo isso com meu cérebro, mas tenho uma dificuldade tremenda de modificar meu comportamento apropriadamente. Apoio o feminismo e me oponho ao racismo, mas me pego tomando distância de um estrangeiro que passa ou meu corpo reagindo com desgosto diante de uma lésbica que não usa maquiagem por razões políticas válidas. Minha hipocrisia me dá nojo.

Porém, nada ganho em me censurar ou me odiar por causa desses sentimentos. Só preciso aceitar que devo melhorar alguns pontos e considerar esses momentos como oportunidades constantes para a autorreflexão, para sentir vergonha e alegria por ter aprendido algo novo e para continuar avançando rumo à mudança.

Não posso de uma hora para outra ficar igual às pessoas que invejo. Seria impossível. A única maneira de me tornar alguém melhor é seguir meu caminho de pouco em pouco, por mais entediante que seja. Atrasar meus julgamentos, não me forçar, aceitar os incontáveis julgamentos e emoções que passam por mim. Criticar a mim mesma não vai me tornar uma pessoa mais inteligente do nada.

Acho que estou aprendendo a aceitar a vida como ela é. Aceitar seus fardos e pousá-los no chão não é uma atitude ocasional; é algo que precisa ser praticado para o resto da vida. Ver a mim mesma como sou, pequena e patética, mas também perceber que a outra pessoa patética com quem estou me conectando está dando o que tem de melhor. E não julgar sem piedade os outros da forma que me julgo, ou tentar dobrar os outros para que se encaixem em minhas regras.

Tenho que aceitar que todos têm algumas falhas, e, acima de tudo, tenho que ver primeiro a mim mesma como sou. Tenho que parar de me cobrar a perfeição. O melhor que posso fazer é aprender ou me dar conta de algo novo todo dia.

A QUESTÃO DO AMOR

Olhando em retrospecto, acho que tomei muitas decisões baseadas no amor. Houve momentos em que deixei de calcular perdas e ganhos e simplesmente escolhi o que meu coração mandava. Usava minha racionalidade só na escola ou no trabalho. Nessas esferas, os primeiros fatores que considerava eram orgulho e dinheiro, o que eu priorizava em detrimento dos meus sonhos e de minha escrita, porque às vezes a vida nos impossibilita de escolher até mesmo aquilo que vem em segundo lugar na nossa lista de coisas mais importantes.

É assim com as pessoas que amo. Amo a luz nos olhos delas, a paixão, a coragem em se lançar ao amor. Nunca amei ninguém com metade do meu coração pensando que bastaria para mim. Por mais passiva que eu seja, compartilhava minha totalidade. Talvez eu seja ruim em fazer planos detalhados ou incapaz de imaginar um futuro organizado por causa dessas tendências.

Conhecer alguém que toque meu coração, escrever algo até que toque o coração dos outros, ouvir música e ver filmes que tratem do amor – quero sempre ser motivada pelo amor. Se a pura racionalidade ficar forçando entrada pelos espaços entreabertos, perderei o brilho e o conforto da minha vida – é por isso que quero me tornar uma pessoa emocionalmente iluminada, mesmo que isso signifique me empobrecer em termos de racionalidade. Quero dar as mãos e marchar com aqueles que sentem o mesmo que eu. É difícil dizer se é o bom senso ou a sensibilidade que é superior, mas eles, sem dúvida nenhuma, têm texturas diferentes. E a textura de que mais gosto entre os dois é, sem dúvida nenhuma, a do amor e da sensibilidade.

A SOLIDÃO É UM LUGAR
MUITO ESPECIAL

Há tantos olhos nas paredes. E dentro de telefones de desconhecidos, em repartições de escritórios, no ar que varre as ruas. Uma vez que a solidão abre seus olhos, o rosto do medo começa a se mostrar, e incontáveis olhos piscam no escuro enquanto avaliam minhas palavras e expressões.

Para mim, solidão é meu apartamento de um quarto, debaixo de um cobertor que me cobre com perfeição, debaixo do céu que me vejo encarando quando saio para andar, um sentimento de alienação que me domina no meio de uma festa. É minha autocrítica nos momentos em que minhas mãos ficam inquietas nos bolsos, é o vazio do meu quarto depois de ouvir minha voz no gravador, é quando acidentalmente cruzo meu olhar com o de alguém relanceando pelo espaço de um café – quando, apesar do meu medo do olhar dos outros, percebo que ninguém está me olhando, para começo de conversa. Será que a solidão que tirei de todos esses lugares pode se tornar algo especial? Essa é a tarefa e o privilégio de todos os artistas.

SOFRIMENTO E CONSOLO

Ruminando questões sobre amor, trabalho ou qualquer coisa, na verdade, sempre tenho pensamentos como: "Ah, estava errada quanto a isso, deveria ter pensado melhor", e isso me causa sofrimento e me consola ao mesmo tempo. Sofro ao pensar que nunca poderei voltar no tempo e corrigir o erro, e me sinto consolada porque não cometerei o mesmo erro de novo. Se o incidente tem a ver com trabalho, o consolo se sobressai; mas, quando é com o amor, é o sofrimento que assoma. Porque o momento em que me dou conta de que deveria ter agido melhor vem justamente quando a pessoa com quem eu deveria agir melhor já não está mais ao meu lado.

Não faz sentido ficar segurando a concha oca do amor que se foi, tentar reconquistar um coração que não voltará, ou deixar que o arrependimento me corroa por dentro...

Em dias assim, eu leio. Porque, na realidade, não há tortura maior que ficar remoendo infinitamente sentimentos inabaláveis por outra pessoa. Isso só resulta em ciclos de destruição emocional sem sentido, para mim mesma e para quem está me ouvindo. Mas com livros é diferente. Com frequência procuro livros que são como remédio, que se encaixam na minha situação e nos meus pensamentos, e os leio de novo e de novo, sublinhando tudo, até as páginas ficarem em frangalhos, e ainda assim o livro terá algo a me dar. Livros nunca se cansam de mim. E no tempo certo, silenciosamente, eles apresentam uma solução, esperando até que eu esteja curada por completo. Essa é uma das coisas mais legais a respeito dos livros.

UMA VIDA SEM MODIFICADORES

Um livro novo de um autor badalado será publicado em breve pela companhia em que trabalho. A editora responsável marcou uma reunião de *brainstorming* com o autor em meados de fevereiro e me pediu que estivesse presente, se eu pudesse, acrescentando que sabia que se tratava de um autor importante, mas me encorajando, uma jovem de vinte e poucos anos, a apresentar quantas ideias novas fossem possíveis.

A ideia de participar daquela reunião me animava, mas ser chamada de jovem fez meu coração sair pela garganta. Estava nervosa; como poderia apresentar ideias novas nas quais ninguém nunca tinha pensado antes? "Jovem" é uma palavra que ainda parece me perseguir e me fazer tropeçar quando menos espero.

Quando conversei com uma amiga a respeito disso, ela se perguntou em voz alta por que a palavra "jovem" sempre aparece acompanhada dessas diretivas. Boas ideias vêm de pessoas mais velhas e experientes o tempo todo, e, seja como for, ter uma variedade de vozes à mesa não garantiria melhor variedade de ideias? Era um bom argumento. Sempre colocamos modificadores na frente de nós mesmos, e não sou uma exceção à regra. "Jovem" é um modificador que não poderei usar para sempre, mas aquilo em que estou focando aqui são as expectativas implícitas na palavra. Acontece o mesmo com a escola que você frequentou ou o curso que fez na universidade. A expectativa de que todos os estudantes de escrita criativa vão elaborar belas sentenças e de que todos os que se graduam em coreano (ou alguma outra língua estrangeira) falam coreano (ou essa outra língua) com perfeição é inibidora, na verdade. Cria uma pressão desnecessária.

É também o motivo pelo qual não revelo o que estudei na universidade, se puder evitar. Minha irmã mais velha age do mesmo modo. Tendo estudado canto no Instituto de Artes de

Seul, ela não recebe o devido valor se apresenta um bom desempenho, mas é fortemente criticada se, por acaso, erra uma nota. Ela vive com um medo constante de ser julgada com severidade. Muitas pessoas devem se sentir dessa forma. É por isso que não conseguimos aproveitar quando escolhemos estudar algo por amor. É por isso que alguns preferem se enfiar no buraco de rato mais próximo a se arriscar a desenvolver seus interesses.

Hoje deletei minhas informações profissionais e de formação do Facebook, porque queria apagar os modificadores que seguiam meu nome. Exibir minha faculdade e ocupação me dava um breve senso de superioridade, mas também me deixava insegura. Odeio o fato de não ser uma grande escritora apesar dos meus estudos, de não ter lido tudo apesar de trabalhar em uma editora. Esses modificadores jamais poderão explicar a totalidade de uma pessoa. A pessoa de quem já tive mais inveja no trabalho – uma ilustradora fantástica, escritora maravilhosa, com uma vida emocional rica, bonita e com um temperamento amável – se formou em uma universidade provinciana. E tenho vergonha de admitir que tentei amenizar meu senso de inferioridade ao comparar meu currículo ao dela. "Oh, ela não fez uma faculdade tão prestigiosa quanto eu achava", me peguei pensando, enquanto procurava pelo em ovo para me sentir o mais superior possível.

Mesmo quando tenho consciência desses processos de pensamento ocorrendo em mim, ainda sinto o olhar dos outros pelos modificadores que me foram conferidos, e ainda me vejo incapaz de escapar desse olhar. Quando descobri que uma pessoa de quem tinha inveja fez uma faculdade de nível inferior, senti alívio, e outra pessoa da qual não fazia muito caso pareceu muito mais inteligente depois que descobri onde ela tinha feito faculdade – então veio a culpa, sucedida pela autocrítica após esses pensamentos idiotas. Quero de verdade mudar como eu sou. E acredito que posso mudar. Hoje em dia, não sei onde meus colegas mais próximos do trabalho fizeram faculdade. Nem sinto vontade de saber. Não mudei completamente, mas está acontecendo aos poucos. Quero focar nas partes que estão mudando e continuar a ter esperança. Esperança de que haverá um dia em que poderemos nos sentir contentes conosco, independentemente dos modificadores.

SONHO

Tinha um sonho recorrente que acontecia no passado. Minha mãe e minha irmã mais velha estavam lá. Havia outros, mas não me lembro deles. Queria tirar uma foto da minha mãe quando jovem e erguia minha câmera, mas ela não ficava no enquadramento. Porque o passado é o passado. Porque existimos apenas num breve espaço e depois desaparecemos. Não podemos nem reter as coisas em uma foto, pensei.

Mas estávamos nos divertindo. Mesmo que não pudéssemos gravar ou nos lembrar disso depois, estávamos felizes só porque estávamos juntas lá. Era uma cena um tanto quanto fascinante: minha irmã e eu como meninas, minha mãe sem uma única ruga. Enquanto escrevo estas linhas, o sonho está esvanecendo de minha memória e não consigo mais ver o rosto dela. Gostaria de ver o rosto jovem e radiante de minha mãe mais uma vez. Um sonho triste e bonito.

vovó

    A vovó nunca foi de falar muito. E também nunca falava mal dos outros. Quando lhe perguntei que nota daria ao papai como genro em uma escala de 0 a 100, ela me perguntou que nota eu daria; com muita confiança, dei zero. A vovó ficou sorrindo e evitando a minha pergunta, o que me fez indagar: "Se eu trouxesse um homem como o papai para casa e dissesse para a senhora que ia me casar com ele, a senhora permitiria?". Ao que ela, enfim, respondeu… "Não". Ela é hilária.

    Um dia, enquanto estava ficando com ela, precisei ir ao centro pegar uma coisa e fomos andando juntas pelas ruas de Suncheon. A vovó de repente me perguntou: "Deve ser entediante para você ficar aqui; deve querer sair o tempo todo, não é?". Eu lhe assegurei que não; que estava ficando poucos dias porque não tinha certeza de que teria a oportunidade de viajar por conta própria de novo. Ainda assim, talvez por culpa, eu insistia que não ia embora por causa do tédio. Para ser honesta, ela não estava completamente errada. É só que, quando falo com minha vó, nossa conversa costuma acabar em silêncio e não tem muito mais o que se fazer onde ela mora. Também não quero ficar com a cara enfiada no telefone quando tenho a oportunidade de vê-la. Quero conversar com ela, e ela costumava me contar todo tipo de histórias divertidas; no entanto, parece que sua fonte de histórias secou nos últimos tempos – mas também é verdade que talvez eu não tenha outra chance de viajar sozinha por um bom tempo.

    De qualquer forma, continuamos a caminhar juntas e chegamos a uma espécie de centro comunitário, onde, por acaso, ocorria um festival. Havia muitos idosos lá. Dei um abraço na vovó e disse a ela: "Fique bem, vovó", e a deixei ali. Quando me virei, eu a vi acenando para mim, me estimulando a continuar meu caminho. Fiquei olhando para trás até que ela se tornasse um pontinho ao longe.

Lembrei-me de uma conversa que tive com ela outro dia. "Vovó, qual foi o momento mais feliz para você?". Ela respondeu que ficava sozinha todo dia, então como poderia ter um momento feliz?

Perguntei, meio tímida: "Você está feliz porque estou aqui?".

"Com certeza, estou muito contente."

"Mas não feliz?", rebati.

"Estar contente é estar feliz."

Sinto um aperto no coração sempre que penso nela, e odeio essa sensação, porque parece pena, mas decidi pensar nisso como amor. E tais sentimentos talvez sejam inevitáveis quando se trata de amor.

CLICHÊS E MENTIRAS IDIOTAS

Depois do evento de boas-vindas da nossa companhia, esbarrei, por acaso, com o CEO. Normalmente, tenho medo de adultos (apesar de ter me tornado uma), e mais ainda de adultos poderosos. Então dá para imaginar quão assustador o CEO é para mim. Ele me perguntou qual era minha ambição para aquele ano e, quando hesitei, ele se perguntou em voz alta se a palavra "ambição" não era muito extravagante. Foi por isso que eu disse que minha meta modesta para aquele ano era ter um corpo e uma mente saudáveis. Porém me senti na obrigação de dizer algo a respeito de trabalho e acrescentei que queria editar um *best-seller*. Mas por que achei tão constrangedor dizer isso? Tão clichê e idiota. Tão óbvio. Eu nem me interesso por *best-sellers*. Só queria sair da conversa o mais rápido possível e não conseguiria se só dissesse que minha meta era publicar bons livros – ele então me perguntaria o que eu considerava um bom livro. Mas fiquei constrangida com minha resposta. Gostaria de ser uma pessoa mais sincera e honesta. Invejo aqueles que conseguem responder a perguntas de forma astuta e sem disfarces.

MINHA TIA

Ontem minha mãe foi ao hospital para seu check-up de rotina. Também era o dia em que minha avó deveria vir para Seul. Minha mãe nunca gostou de ir a locais desconhecidos, e, só de pensar nela e na vovó se perdendo em um hospital gigantesco, fiquei tão irritada que tirei metade do dia no escritório para acompanhá-las.

A vovó vem uma vez a cada três meses para o check-up e para pegar seus remédios. Não há um hospital grande onde ela mora. A vovó costumava ir a um hospital em Ansan, depois no distrito de Yeongdeungpo em Seul, e agora vai até Ilsan nos subúrbios ao norte. Minha tia mais jovem costumava levá-la até Ilsan uma vez a cada três meses, mas depois essa responsabilidade passou para minha tia mais velha e, depois, para minha mãe.

Minha tia Goara, que vive perto de Ilsan, não atende o telefone. Minha mãe não sabe por que, e minha avó disse com tristeza que é porque provavelmente não quer lidar com ela. Minha mãe observou a situação com uma expressão conflituosa. Eu espumei; a vovó não vinha uma vez por semana, era só uma vez a cada três meses!

Mas então comecei a lembrar mais coisas a respeito da tia Goara. Ela sempre leu muito, sempre cuidou da vovó, das sobrinhas e dos sobrinhos, mas agora se distanciara da família.

Tia Goara havia sido alguém muito especial para mim e também para minhas irmãs. Sempre que precisávamos de um carro, era ela, em vez do meu pai, que dirigia com a gente e contava muitas coisas sobre o mundo de uma forma que nós, como crianças, conseguíamos entender. Sempre que nosso pai batia em nossa mãe, nunca ligávamos chorando para nossa tia mais velha, mas sim para a tia Goara, ainda que as duas vivessem à mesma distância de nós. Pensando em retrospecto, a tia Goara era nosso oásis. Ela nos entendia melhor que nossa mãe; era como uma segunda mãe para nós.

Essas lembranças me fizeram pensar em como as palavras "Essa pessoa mudou" são completamente inúteis em certos casos; por fim, me ocorreu que esperar que uma pessoa seja sempre da mesma forma ou que sempre faça a mesma coisa de modo consistente pode ser um grande fardo para ela.

Quando a vida se torna algo pelo qual só se atravessa, quando as exigências da sobrevivência tomam todo nosso tempo e esforço, não deixando nenhuma força para qualquer outra questão, e quando o tempo corre, secando ou apodrecendo tudo o que tivemos de negligenciar, esperar que alguém continue a ser a mesma pessoa é verdadeiramente um fardo grande demais.

Nunca prestamos muita atenção à vida da tia Goara, foi algo que deixamos passar batido por nossas vidas. Tenho certeza disso agora. Quando perdemos a esperança na própria vida, às vezes perdemos também as muitas pedras de toque que formaram essa vida. Não temos vontade de fazer nada, não desejamos ser parte de nada, nem *queremos* estar com ninguém. Tudo o que se deseja para relacionamentos desaparece e nos tornamos completamente isolados.

Uma vez que me dei conta disso, essa verdade pareceu autoevidente e constatei que deveria ter refletido melhor, já que era uma pessoa que sabia mais da vida da tia Goara que os outros. Mas vergonhosamente me irritei com ela por não ter estado presente para a família uma última vez. Tentei ignorar minha vergonha, mas logo ela se espalhou pelo meu corpo e, no dia seguinte, tornou-se uma náusea física, como uma espécie de punição.

Rebeca Solnit disse em *The Faraway Nearby* que a empatia é um ato de imaginação. Se não planto sua semente em mim mesma, ela nunca vai florescer. É por isso que algumas pessoas parecem nunca entender a vida das outras. Mas a única forma de criar dentro de mim algo que não estava lá desde o princípio é por meio da imaginação. Você precisa aprender a ter empatia, a imaginar.

Eu costumava tratar a empatia como algo muito difícil e me desligava das coisas que não me afetassem emocionalmente. Mas com certeza criar algo em mim que não existia antes e estender a solidariedade emocional a outra pessoa é um dos ritos da vida adulta. Estamos tão distantes e, ainda assim, tão próximos de tantas pessoas.

Aprender a imaginar as emoções que não entendemos ou ter empatia imediata: essa é a afeição que estendo aos outros, e a única forma de garantir que o que está dentro de nós não se resseque nem apodreça.

Talvez a empatia completa seja impossível, mas decerto podemos continuar tentando. Acredito que tentar, mesmo tendo esse conhecimento, é umas das atitudes mais valorosas que podemos ter.

Por isso tomei a decisão de buscar aqueles com quem eu poderia chegar a um entendimento comum. Aqueles por quem sempre tive afeição, mas que, por uma razão ou outra, se afastaram no decorrer da vida.

MEUS CACHORROS, MEU TUDO

Boogie tem três anos. Suji tem nove. Juding tem quinze. Quando Juding era pequeno, eu o chamava de Foguete Juding. O jeito como ele saltava do elevador assim vez que as portas se abriam era como se tivesse decolado, de tão rápido.

Sempre que abríamos a porta principal depois de um longo dia, ele ficava andando entre nossas pernas, batendo com as patas dianteiras em nossos joelhos até que o pegássemos. Ele sempre sabia quando estávamos comendo algo e grudava na gente no momento exato em que pegávamos uma batata-doce ou abríamos um pacote de biscoitos. Também quando chegava o frango frito, ou a carne grelhada.

Quando ele era pequeno, seu coraçãozinho batia no ritmo perfeito, seus olhos brilhavam, seu nariz era úmido, e as solas das patas e a parte de baixo da barriga ainda eram rosadas, cheirando a bebê. Ninguém o ensinou, mas ele sempre fazia as necessidades no banheiro ou na varanda. Às vezes, ia até a porta da varanda e batia nela, pedindo para abrir. Raramente latia. E ficava enciumado com frequência.

Por muitos anos, demos pouco valor a esses comportamentos, mas nos últimos tempos essas peculiaridades estão sumindo e agora quase por completo. Não preciso mais colocá-lo em uma coleira porque o Juding anda mais devagar do que eu, e está tão surdo que não consegue me ouvir abrindo a porta da frente; nem vem me cumprimentar. Apenas quando eu interrompo seu sono com um "Estou em casa" é que ele acorda num sobressalto. Juding não bebe leite e às vezes recusa carne, mas não parece se importar mais com o que come. O som do seu coração é irregular, seus olhos são opacos e o nariz está seco, o pigmento das patas e da barriga escureceu. Ele não bate mais na porta da varanda pedindo para fazer xixi. Faz uma eternidade desde a última vez que o ouvi latir. E ele dorme tanto que quase tenho receio de que... Sua barbicha branca coloca medo no meu coração. Provavelmente estou em negação diante do fato de que meu pobre queridinho é um cachorro velho agora.

Ver as travessuras juvenis de Suji e Boogie me faz pensar no velho Juding, o que me corta o coração. Mais do que nunca, eu me dou conta de que o tempo de Juding na terra é mais rápido e fugaz que o meu. Esses são meus pensamentos ao ver os dois jovens se juntando aos meus pés quando estou comendo algo, ou ao ver suas orelhas se levantarem quando sussurro algo para eles.

Sinto-me jovem demais para ter visto a vida e a morte de uma criatura viva e senciente. Todos os começos e todos os fins parecem pesados para mim. Também me preocupo demais para me concentrar na felicidade do momento. Mesmo quando me deito no sofá, cercada pelos meus três cachorros, sinto que nosso tempo é precioso e feliz, e que nosso futuro é muito mais temeroso e sombrio.

Penso na palavra "fraco". Eu sou fraca, é por isso que tenho medo e odeio tudo o que é fraco. Mas, ainda assim, quero ter esses cachorros em minha vida mais do que qualquer outra coisa. Nunca me afastaria deles.

LADO A LADO

Há dias em que eu só queria estar entorpecida, dias em que fico desesperada para não sentir nada. Quero ser simples e fria, desprovida de sentimentos. A empatia é bastante presente em minha vida e às vezes ela projeta uma longa sombra. Estou assistindo a um drama na TV ou a um filme, ouvindo uma música ou olhando para uma foto, ouvindo a história de alguém ou escrevendo a minha, e de repente meu coração e humor naufragam. Como uma agulha, eles me perfuram sem contexto, um sentimento ao qual estou muito acostumada agora, e do qual já me cansei.

É por isso que ergui tantas barreiras e tentei me manter afastada por tanto tempo. Pensei que poderia construir um abrigo para mim mesma, mas tudo o que fiz foi me trancar em uma prisão (por mais que odeie usar essa metáfora). Pensei que poderia ser mais feliz, mas não foi o caso. Queria reafirmações constantes de que não estava errada e fiquei obcecada pelas menores afeições. Ficava me perguntando em voz alta por que eu era do jeito que era, e meu cinismo em relação aos outros piorou. Queria ser uma pessoa tranquila, racional, mas, uma vez que esfriava a cabeça, meu mundo congelava. Todo lugar onde eu colocava o dedo doía. Estava frustrada e irritada.

É óbvio agora quando penso nisso. Cercar-me dentro de mim mesma, sem conhecer ninguém, sem compartilhar com ninguém, isso é só criar um castelo de gelo. Meu foco estava na frieza dos outros, e isso deixava a minha vida sem calor nenhum.

Várias emoções negativas continuavam surgindo dentro de mim, me deixando incapaz de respirar. Eu precisava achar um meio de extravasá-las.

Foi a primeira vez que busquei terapia. Pude sentir de imediato que compartilhar, algo que eu não tinha dificuldade de fazer quando mais jovem, havia se tornado muito mais difícil – mas, assim que comecei a falar, podia sentir tudo fluindo para fora de mim. Pensava que só precisava de uma pessoa para compartilhar as coisas, mas estava errada.

    A partir desse momento, comecei a compartilhar com frequência meus pensamentos e sentimentos com família, amigos, colegas e até mesmo desconhecidos, ouvindo suas histórias e me preenchendo de ar novo. Não de uma forma falsamente amigável, mas de forma sincera, com todo meu coração. Senti que estava equilibrando um pouco da autoconsciência e da autopiedade de meus sentimentos.

    No fim das contas, uma forma melhor de viver é fazê-lo entre os outros, algo que senti quando saí de férias com minha família, as primeiras férias depois de um longo tempo. Estar lado a lado significa altruísmo, e é o altruísmo que nos salva do egoísmo. Porque começa comigo e termina com todos. Outros são compelidos a se mover pelo fato de que você quer estar com eles, de que quer entendê-los, de que não consegue ficar sem eles. Estar lado a lado, se desentendendo, compartilhando, crescendo ao se afastar, tudo isso nos ajuda a viver o presente. Eu me pergunto se essa é uma maneira de nos reconfortarmos perante as trevas que são o nosso mundo.

UM PERÍODO MUITO SOMBRIO

Estou sempre em guerra. Eu contra dezenas, ou centenas. É impossível contar mais que isso depois de certo ponto. Quanto mais seus inimigos aumentam, mais exausto você fica e perde o moral. Ou, talvez, você nem tinha muito moral, para começo de conversa. Não tem como vencer, não tem nem como pensar em vencer. A vida é tão confusa quanto uma bolsa que nunca é organizada. Você não faz ideia se vai tirar algum lixo ao enfiar a mão lá dentro, e tem medo do que vai ser encontrado se um dia alguém a revirar. Talvez a sua "bagagem" seja como uma bolsa velha. Você a joga para lá e para cá, em qualquer direção, sem se importar com quão desgastada fica ou onde vai cair, e ninguém percebe. Mas como não tem condições de comprar uma bolsa nova, você se agarra a ela com todo o cuidado e fazendo um tremendo esforço para que os remendos grosseiros não apareçam. Estou zombando da minha própria metáfora de bolsa, mas não acho que esteja muito longe disso.

Quando acontece de estar escrevendo no ônibus e alguém para na minha frente, eu paro de escrever. Tenho a impressão de que a pessoa está encarando a tela do meu telefone. Tenho receio de que vai ler meus pensamentos, pensamentos que podem ser tão sombrios quanto as partes mais íntimas do meu diário. Considero minha persona pública uma capa, uma membrana através da qual nenhuma luz pode se infiltrar. Os pensamentos mais internos que não cruzam a membrana ficam ulcerando dentro de mim. É por isso que meus pensamentos nunca ficam limpos, e é muito difícil achar um pensamento bom na minha podridão interna. Assim como água lamacenta filtrada por uma malha ainda sai marrom, os pensamentos que filtrei e refinei ainda estão espessos de trevas. Tento esconder isso por meio de palavras decorativas e metáforas. Todo esse refinamento e ornamentação podem parecer belos, mas não passam de uma embalagem vazia.

    Amo a inocência de pessoas brilhantes e honestas, e adoro os escritos de pensadores positivos, mas receio que jamais conseguirei me encontrar entre eles. Tenho tanta dificuldade de aceitar minhas trevas quanto de me lançar à luz. Anseio ser valorizada pelos outros, ser amada incondicionalmente, mas finjo desinteresse, apesar de estar muitíssimo interessada. Meu fingimento cria mais fingimento, e isso continua até se criar mais fingimento, a tal ponto que não consigo mais dizer se estou fingindo ou não; se esses são de fato meus sentimentos e pensamentos reais, ou os embalados. Minha mente quer estar completamente tranquila enquanto meu coração está de todo jeito, menos tranquilo; um estado de coisas que me tira o equilíbrio e me lança à perturbação, revelando minha face. Minha face distorcida cria comportamentos distorcidos. Tento colocar o que é "apropriado" na minha mente e no meu corpo perturbado para corrigir isso, mas acabo com uma pilha de Jenga de mim mesma, que logo despenca.

    Apesar de saber que jamais conseguirei alcançar a liberdade perfeita, fico rastejando por essa estrada. E o fim dela foi apagado. Tento criar um caminho onde não há, mas não importa quanto eu repise este chão rude, ele se recusa a se tornar uma trilha. Os dedos do meu pé ficam batendo contra pedras.

FICÇÃO

O único talento real que tenho é rebaixar os outros. Tal e qual uma lâmpada nas trevas da noite, consigo ver claramente os pontos fracos das pessoas e costumava ter prazer em apontá-los e atacá-las. Se alguém me perguntasse por que eu fazia isso, não saberia responder; acho que simplesmente não me conhecia muito bem e não suportava quando os outros pareciam completamente confiantes com quem eram; isso me deixava sem fôlego e nauseada. Vê-los ficar desconcertados ou ter um surto me consolava. Que vida miserável eu costumava ter.

ENTERRADA E MANTIDA ENTERRADA

Dou mais importância para a postura que para o caráter. Na verdade, acredito que é a postura que revela o caráter. Que a honestidade, que é uma postura, se mostra nas menores atitudes e nos momentos mais insignificantes. Costumo prestar atenção a olhares, gestos, fala e movimentos de uma pessoa, tentando discerni-la.

Quando amo alguém, tenho muitas perguntas para essa pessoa, que nem sempre são feitas com palavras. Às vezes, se expressam em gestos. O queixo que se apoia na mão quando essa pessoa olha para mim, os olhos que se concentram na boca, o assentimento, o matiz e os tons de suas respostas enquanto ela interage com minha história. Abro meu coração para essa pessoa e respondo às perguntas que ela me faz. Cada palavra se torna uma pergunta, e cada palavra se torna uma resposta. Essa é a sensação de ter alguém a quem você pode revelar tudo, mesmo o que não foi perguntado.

Por outro lado, há aquelas perguntas que simplesmente engolimos e nunca perguntamos. Tenho para mim que as pessoas são tímidas, talvez não todo mundo, talvez não o tempo todo, mas definitivamente em muitos momentos nos quais nossas gargantas se fecham ou nos preocupamos com o que outras pessoas pensarão de nós, então não perguntamos. Meus amigos me chamam de Rainha da Curiosidade por causa de todas as minhas perguntas, mas mesmo elas foram selecionadas de uma pilha muito maior. Mesmo quando tantas perguntas feitas no mundo são invasivas e pesadas e íntimas e bobas e óbvias.

É por isso que gosto de pessoas que tiram respostas de mim ainda que não façam nenhuma pergunta, ou que parecem responder a minhas questões antes que eu as expresse. Essa conexão me fornece os sentimentos mais calorosos.

Mas também me sinto um pouco desolada. Onde vão parar as perguntas que acabamos engolindo? Elas se espalham por algum lugar ou afundam nas nossas profundezas? Elas se manifestam em comportamentos e hábitos estranhos? E esse silêncio profundo não se tornaria um obstáculo para fazer conexões profundas com os outros? Isso é o que mais temo.

ROMANTISMO E CINISMO

Com frequência, julgamos o todo com base em um momento singular. Uma pessoa pode ser bem livresca e intelectual, mas, se ela, por acaso, estiver zapeando pelo *feed* do Instagram na minha frente, provavelmente a julgarei como superficial. É por isso que acho que o conceito de destino ou de amor à primeira vista não passam de uma autorracionalização romantizada. É tudo uma questão de estar no lugar certo na hora certa fazendo a coisa certa. Aquele momento em que duas pessoas se olham e ambas parecem especiais uma para a outra – pura coincidência. Mas essas belas coincidências também são responsáveis pela maioria dos relacionamentos da vida. É por isso que não há necessidade de encará-los com cinismo.

De qualquer forma, eu tenho a tendência de oscilar entre o romantismo e o cinismo. Atravessando as barreiras entre o quente e o frio, me esqueço do tédio morno da vida; essa tepidez é o estado que mais temo. A incapacidade de voltar a sentir com intensidade, de ficar entorpecida em uma temperatura ambiente. Esse estado não é melhor para nós que a morte.

NOTA SOBRE A AUTORA

Nascida em 1990, Baek Sehee estudou escrita criativa na universidade antes de trabalhar durante cinco anos em uma editora. Fez tratamento psiquiátrico para distimia (depressão moderada e persistente) por dez anos, o que se tornou assunto de seus ensaios e, depois, de *Queria morrer, mas no céu não tem tteokbokki*. Sua comida favorita é *tteokbokki* e ela vive com Jaram, o cachorro que ela resgatou.